Etudes Françaises

J'aime la France 9 H

**Arbeitsbuch für Französisch als 1. Fremdsprache
in Klassenstufe 9
des Bildungsganges Hauptschule**

von Walter Haab und Franz Mörsdorf

unter Mitarbeit von
Alice Haab-Berthou und Anne Mörsdorf-Meignant

Ernst Klett Verlag
Stuttgart München Düsseldorf Leipzig

Inhaltsverzeichnis

Seite

Symbolerklärung

 Texte
Text

 Questions sur le texte
Fragen zum Text

 Devinettes
Rätsel

 Exercices
Übungen

 Exercices à faire dans le cahier
Übungen für das Heft

 En France
In Frankreich

 Traduisons.
Wir übersetzen!

 Chanson

 Vocabulaire
Vokabeln

 Vocabulaire en plus
Erweitertes Vokabular

Jens et ses deux copains Thomas et Andreas font un voyage dans le sud de la France, en Provence. Ce matin, très tôt, ils ont pris le train à Cologne et ils sont arrivés à Avignon à 18 heures. Ils trouvent une auberge pas chère sur l'Ile de Barthelasse au bord du Rhône.

Jens:	Bonsoir, monsieur.
	Est-ce que vous avez encore de la place pour trois personnes?
M. Bagatelle:	Oui, monsieur. Le dortoir à quatre lits est libre.
Andreas:	A quelle heure est-ce qu'on sert les repas?
M. Bagatelle:	Le petit déjeuner est servi entre 7 h 30 et 9 h 30, le déjeuner entre 12 h et 13 h 30 et le dîner entre 18 h 30 et 20 h 30.

Jens et ses amis s'installent dans le dortoir. Ils prennent une douche et puis, ils descendent à la salle à manger. Ils s'assoient à une table où il y a déjà quatre personnes.

Thomas:	Bonsoir. Je m'appelle Thomas. Voici mes copains Jens et Andreas. Nous venons d'Allemagne, de Cologne.
Une jeune fille:	Je m'appelle Anne-Marie. Je suis Belge. Et voici Sylvia. Elle est Italienne.
Un jeune homme:	Bonsoir. Je m'appelle José et voici mon frère Pedro. Nous venons d'Espagne, de Barcelone.

On sert le dîner. Au menu, il y a un potage, une omelette aux champignons avec des pommes de terre sautées et de la salade de fruits.
Après le repas, tout le monde débarrasse les tables et aide à faire la vaisselle.
Ensuite, les jeunes bavardent un peu. Chacun raconte son voyage. Puis ils font une promenade dans la ville.
A onze heures, ils rentrent.

Les Allemands:	Bonne nuit, et à demain.
Les autres:	A demain, et dormez bien.

1

 Questions sur le texte

1. Où est-ce que Jens et ses copains font un voyage?

_____

2. De quelle ville est-ce qu'ils sont partis?

_____

3. Où se trouve l'Ile de Barthelasse?

_____

4. A quelle heure est-ce qu'on sert le petit déjeuner?

_____

5. Combien de lits est-ce qu'il y a dans le dortoir?

_____

6. De quel pays est Anne-Marie?

_____

7. Quelle est la nationalité de Pedro et de José?

_____

8. Qu'est-ce qu'il y a comme dessert, ce soir-là?

_____

9. Que font les jeunes après le repas du soir?

_____

10. A quelle heure est-ce qu'ils rentrent de leur promenade?

_____

Les loisirs

Schreibe die Wörter zu den Ziffern 1–16 in dein Heft. Beachte das Zusatzvokabular!

1

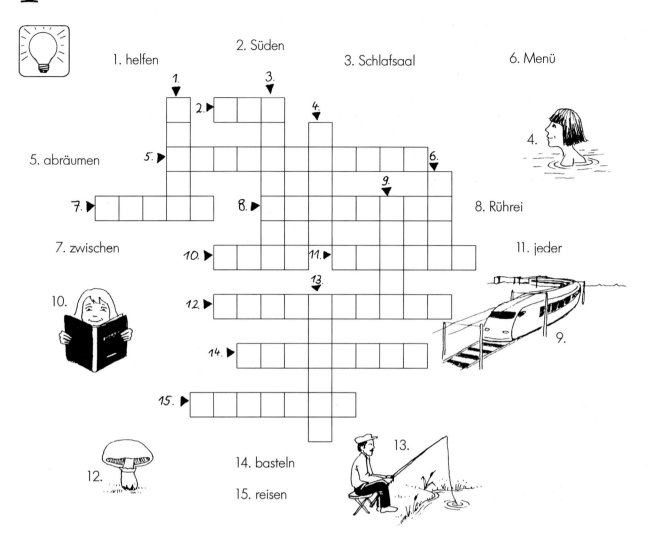

1. helfen
2. Süden
3. Schlafsaal
6. Menü
5. abräumen
8. Rührei
7. zwischen
11. jeder
4.
9.
10.
13.
12.
14. basteln
15. reisen

Hier sind 18 bekannte Wörter waagerecht bzw. senkrecht versteckt. Schreibe sie heraus!

	A	B	C	D	E	F	G	H	I	J	K	L	M	N	O	P
1	A	C	H	A	C	U	N	N	M	S	A	M	E	N	U	C
2	S	H	W	E	R	Z	O	Q	V	N	X	Y	A	C	B	D
3	D	A	H	J	K	K	B	A	V	A	R	D	E	R	X	O
4	F	M	J	T	Z	U	I	P	O	G	L	P	O	I	U	R
5	W	P	A	T	I	N	E	R	Y	E	O	P	A	W	E	T
6	V	I	B	R	D	F	G	X	H	R	R	O	Z	T	R	O
7	O	G	V	A	H	S	K	I	E	R	Q	T	S	D	F	I
8	Y	N	C	I	B	T	T	I	N	S	T	A	L	L	E	R
9	A	O	X	N	S	S	D	F	G	H	J	G	Q	W	N	Q
10	G	N	Y	Q	W	B	R	I	C	O	L	E	R	Y	T	W
11	E	W	A	R	E	Q	W	R	T	Z	P	L	K	G	R	S
12	R	D	E	B	A	R	R	A	S	S	E	R	X	C	E	D
13	P	L	K	G	J	F	D	S	W	U	D	F	G	R	T	G
14	A	U	B	E	R	G	E	X	S	D	W	A	I	D	E	R

Exercices

1. Erfragen und angeben, welcher Nationalität jemand angehört.

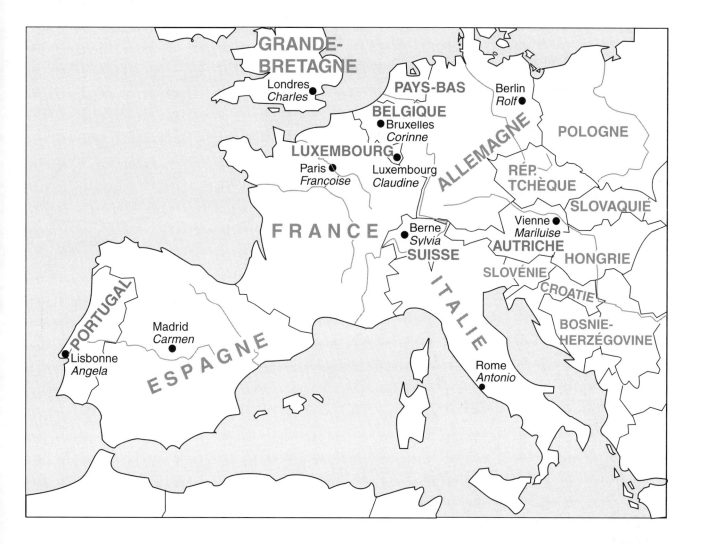

1. Le Portugal
   portugais, portugaise
2. L'Espagne *(f.)*
   espagnol, espagnole
3. La France
   français, française
4. La Suisse
   suisse, suisse

5. L'Italie *(f.)*
   italien, italienne
6. La Belgique
   belge, belge
7. L'Allemagne *(f.)*
   allemand, allemande

8. L'Angleterre *(f.)* (La Grande-
   Bretagne) anglais, anglaise
9. L'Autriche *(f.)*
   autrichien, autrichienne
10. Le Luxembourg
    luxembourgeois, luxembourgeoise

Beispiel: Françoise habite à Paris. Elle est Française.

1. Angela habite à Lisbonne. Elle est_____.

2. Erfragen und angeben, welcher Nationalität etwas ist.

Beispiel: Regarde la voiture, c'est une voiture allemande.

1. Regarde le couteau, c'est _____ .

3. Erfragen und angeben, wie etwas ist.

fermé, e   ouvert, e   plein, e   vide   libre   occupé, e   cher, chère   bon marché   bon, bonne   mauvais, e

Beispiel:
– Le magasin est ouvert ou fermé?
– Il est fermé.

1. _____

2. _____

3. _____

4. _____

5. _____

6. _____

7. _____

8. _____

9. _____

4. Telefonisch ein Treffen verabreden.

aller au cinéma
à ( ) heures
demain après-midi

Beispiel:

Nicole:	Allô?
François:	Allô Nicole, c'est François. Bonjour, ça va?
Nicole:	Bonjour, François, ça va, merci.
François:	On va au cinéma demain après-midi?
Nicole:	A quelle heure?
François:	A dix-sept heures. Tu viens?
Nicole:	Avec plaisir. Alors, à demain!
François:	Salut Nicole, et à demain.

1. Martine et Cédric
   aller au zoo
   dimanche après-midi
   à 14 heures

2. Mme Floret et Mme Morel
   prendre l'apéritif
   samedi
   à 11 heures

3. Aline et Isabelle
   aller à la piscine
   vendredi matin
   à 9 heures

4. M. Vidal et M. Dubois
   manger au restaurant
   vendredi
   à 13 heures

5. Eric et Marc
   voir le match de football
   jeudi après-midi
   à 14 heures

6. Annie et Monique
   aller à la discothèque
   samedi soir
   à 21 heures

7. Sonia et Gilles
   jouer au tennis
   mardi après-midi
   à 15 heures

8. Nathalie et Julien
   aller au théâtre
   mardi soir
   à 20 heures

9. Mme Molin et Mme Jouvet
   aller au supermarché
   mercredi matin
   à 10 heures

La France en Europe

a) *Welche Länder gehören zu der europäischen Gemeinschaft?*
   Wie heißen die Länder auf Französisch?
   Benutze die Europakarte auf der Rückseite des Buches!

b) *Wie heißen die Bewohner dieser Länder?*
   Benutze dazu ein Wörterbuch!

In einer Herberge

Petra, Bettina und Julia reisen durch Frankreich. Am Abend kommen sie an eine Herberge.

1. Julia grüßt den Wirt und fragt, ob er noch Platz für die drei Mädchen hat.
    2. Der Wirt grüßt zurück und sagt, daß er noch ein freies Vierbettzimmer hat.
3. Julia sagt, daß sie dieses Zimmer nehmen und fragt, um wieviel Uhr die Mahlzeiten serviert werden.
    4. Der Wirt antwortet, daß das Frühstück zwischen 6.30 Uhr und 9 Uhr, das Mittagessen zwischen 12 Uhr und 13.30 Uhr und das Abendessen zwischen 19 Uhr und 20.30 Uhr angeboten wird.
5. Julia fragt, bis zu welcher Uhrzeit die Herberge abends offen ist.
    6. Der Wirt sagt, daß er um 23 Uhr die Tür abschließt.
7. Julia fragt, bis zu welcher Uhrzeit man im Aufenthaltsraum fernsehen darf.
    8. Der Wirt sagt, daß der Fernseher bis 24 Uhr angeschaltet ist und daß dann alle Gäste in ihre Zimmer gehen sollen.
9. Julia bedankt sich.
    10. Der Wirt bedankt sich ebenfalls und sagt, daß er den Mädchen ihr Zimmer zeigen wird.

à demain	bis Morgen	
aider	helfen	
s'asseoir	sich setzen	
l'auberge *(f.)*	Gasthaus, Herberge	
Avignon	*Stadt in der Provence*	
Barcelone	Barcelona	
bavarder	schwatzen, plaudern	
la Belge	Belgierin	
chacun	jeder	
le champignon	Pilz, Champignon	
Cologne	Köln	
débarrasser	abräumen	
le dortoir	Schlafsaal	
entre	zwischen	
l'Espagne *(f.)*	Spanien	
faire la vaisselle	Geschirr spülen	
l'Ile de Barthelasse	*Rhone-Insel in Avignon*	
s'installer	sich einrichten, sich niederlassen	
l'Italienne	Italienerin	
le jeune	Jugendlicher	
le menu	Menü	
l'omelette *(f.)*	Omelett, Rührei	
la pomme de terre sautée	Bratkartoffel	
le potage	Suppe	
la Provence	*Region im Süden Frankreichs*	
le Rhône	*Fluß in der Schweiz und in Frankreich*	
la salle à manger	Speisesaal, Eßzimmer	
le sud	Süden	
tout le monde	alle	
le train	Zug	

bricoler	basteln
collectionner des timbres	Briefmarken sammeln
dessiner	zeichnen
faire du jogging	joggen
faire du vélo	radfahren
jouer au ballon	Ball spielen
jouer au tennis	Tennis spielen
jouer aux cartes	Karten spielen
jouer aux échecs	Schach spielen
jouer d'un instrument	ein Instrument spielen
lire	lesen
le loisir	Freizeitgestaltung
nager	schwimmen
patiner	Schlittschuhlaufen
pêcher	angeln
peindre	malen
photographier	fotografieren
regarder la télévision	Fernsehen schauen
skier	Skifahren, skilaufen
voyager	reisen

Jens, Thomas et Andreas sont restés deux jours à Avignon. Ils ont visité la ville et en particulier le palais des Papes.
Aujourd'hui, ils veulent continuer leur route et visiter Arles.
Madame Bagatelle, directrice de l'auberge, doit faire des courses à Arles. Elle invite les trois amis à faire le voyage avec elle dans sa voiture. Ils quittent Avignon, la jauge d'essence est sur le rouge.

Mme Bagatelle: Je n'ai plus d'essence. Il faut trouver une station-service!

Ils prennent la route nationale vers le Sud. A la sortie d'un village, il y a un garage avec une station-service. Mme Bagatelle s'arrête devant une pompe. Le pompiste arrive.

Le pompiste: Bonjour madame, bonjour messieurs! Vous désirez?
Mme Bagatelle: Le plein, s'il vous plaît.
Le pompiste: Super ou ordinaire?
Mme Bagatelle: Non, non! Du super sans plomb!
Le pompiste: Voilà, ça fait 212 francs.
Mme Bagatelle: Est-ce que vous pouvez aussi vérifier le niveau d'huile et la pression des pneus, s'il vous plaît?
Le pompiste: Bien sûr, madame.

Le pompiste vérifie l'huile et contrôle la pression des pneus.

Le pompiste: Voilà. J'ai mis un litre d'huile. La pression est bonne.
Attendez, je vais nettoyer le pare-brise.
Mme Bagatelle: Je vous dois combien?
Le pompiste: 212 francs plus 50 francs l'huile, ça fait 262 francs.
Mme Bagatelle: Voilà 270 francs, le reste est pour vous.
Le pompiste: Merci beaucoup, madame.
Mme Bagatelle: Pas de quoi!
Le pompiste: Au revoir madame, au revoir messieurs, et bonne route!

2

 Questions sur le texte

1. Qu'est-ce que Jens, Thomas et Andreas ont visité à Avignon?

_____

2. Qui est Mme Bagatelle?

_____

3. Avec qui vont-ils à Arles?

_____

4. Pourquoi est-ce que Mme Bagatelle va à Arles?

_____

5. Pourquoi est-ce que Mme Bagatelle cherche une station-service?

_____

6. Comment est-ce qu'on appelle la personne qui sert l'essence?

_____

7. Quelle essence est-ce que Mme Bagatelle met dans sa voiture?

_____

8. Qu'est-ce que le pompiste vérifie?

_____

9. Combien d'huile est-ce qu'il met dans le moteur?

_____

10. Combien coûte l'huile?

_____

La circulation

Schreibe die Wörter zu den Ziffern 1–24 in dein Heft. Beachte das Zusatzvokabular!

2

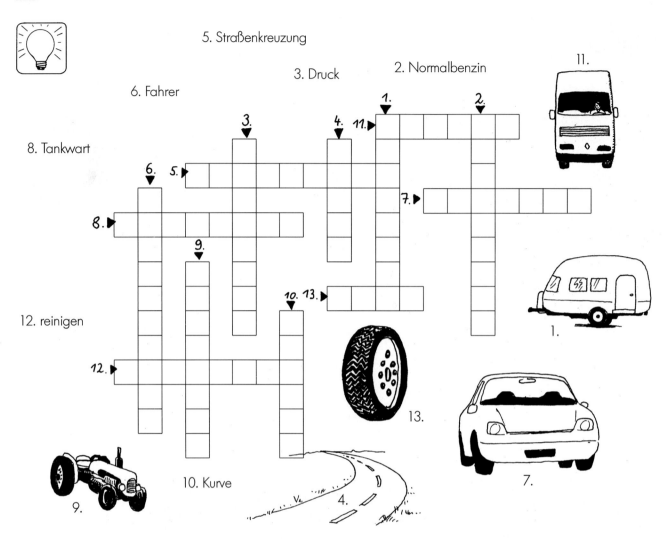

5. Straßenkreuzung

3. Druck

2. Normalbenzin

6. Fahrer

8. Tankwart

12. reinigen

10. Kurve

11.

1.

13.

7.

9.

Hier sind 18 bekannte Wörter waagerecht bzw. senkrecht versteckt. Schreibe sie heraus!

	A	B	C	D	E	F	G	H	I	J	K	L	M	N	O	P
1	O	R	D	I	N	A	I	R	E	Z	E	P	L	O	M	B
2	Q	W	R	E	E	D	S	A	C	T	R	R	D	Q	O	D
3	U	G	C	W	T	N	B	V	O	L	V	E	R	S	T	D
4	Y	R	O	U	T	E	D	G	N	K	D	S	G	V	O	F
5	X	V	B	M	O	V	G	T	D	A	Y	S	X	F	Y	T
6	P	L	K	N	Y	X	B	B	U	V	O	I	T	U	R	E
7	P	E	S	S	E	N	C	E	C	D	F	O	Ö	K	X	C
8	O	M	A	V	R	P	W	Q	T	X	C	N	C	A	R	A
9	M	L	N	B	D	F	G	H	E	R	T	Z	U	O	P	R
10	P	E	S	N	C	I	R	C	U	L	A	T	I	O	N	A
11	I	D	Q	W	R	E	T	Z	R	T	T	Z	X	Y	S	V
12	S	T	A	T	I	O	N	S	E	R	V	I	C	E	R	A
13	T	Q	W	R	X	D	R	T	Z	P	O	I	K	J	H	N
14	E	L	P	N	E	U	P	A	U	T	O	R	O	U	T	E

Exercices

1. Wünsche und Preise erfragen und darauf Antwort geben.

Beispiel:

> A la station service.
>
> – Monsieur, vous désirez?
> – Le plein, s'il vous plaît.
> – Ça fait 258 F, monsieur.

1.

_____

_____

2.

_____

_____

3.

_____

_____

1.

_____

_____

2. Erfragen und angeben, was jemand machen soll.

Beispiel:	*Alain:*	Qu'est-ce que je dois faire?
	Mme Bernot:	Tu dois faire la vaisselle.

1.

– Qu'est-ce que _____

– Tu _____

2. M. Bernot

– Qu'est-ce qu'on _____

– Vous _____

3.

_____

_____

4.

_____

_____

5.

_____

_____

6.

_____

_____

3. Glück- und Segenswünsche ausdrücken.

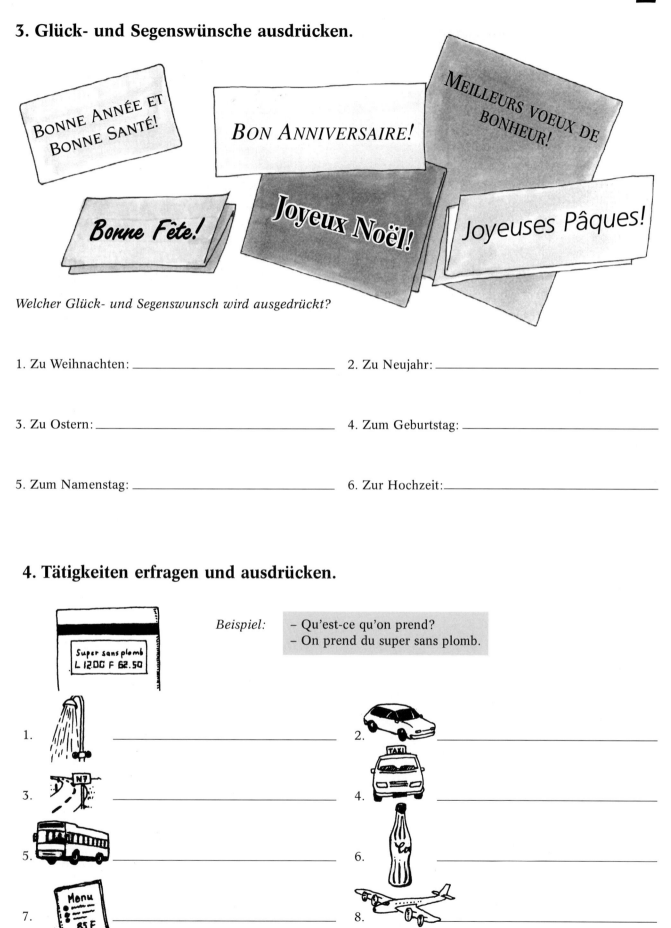

BONNE ANNÉE ET BONNE SANTÉ!

BON ANNIVERSAIRE!

MEILLEURS VOEUX DE BONHEUR!

Bonne Fête!

Joyeux Noël!

Joyeuses Pâques!

Welcher Glück- und Segenswunsch wird ausgedrückt?

1. Zu Weihnachten: _____

2. Zu Neujahr: _____

3. Zu Ostern: _____

4. Zum Geburtstag: _____

5. Zum Namenstag: _____

6. Zur Hochzeit: _____

4. Tätigkeiten erfragen und ausdrücken.

Beispiel:
— Qu'est-ce qu'on prend?
— On prend du super sans plomb.

Super sans plomb
L 12.00 F 62.50

1. _____

2. _____

3. _____

4. _____

5. _____

6. _____

7. _____

8. _____

5. Danken und darauf reagieren.

Beispiel:

Alain:	Attends, maman, je vais porter le sac.
Maman:	Merci beaucoup, Alain.
Alain:	Pas de quoi.

1.

La maman: _____   *Claude:* _____

La Maman: _____

2.

Aline: Attendez, Madame, _____

Mme Cary: _____   *Aline:* _____

3.

M. Leblanc: _____

Mme Lenoir: _____   *M. Leblanc:* _____

4.

Mireille: _____

M. Legris: _____   *Mireille:* _____

5.

François: _____

Papa: _____

La France, pays de tourisme.

Du fährst in den Ferien nach Frankreich.
Bestimme ein Reiseziel und stelle fest, welche Sehenswürdigkeiten auf dieser Strecke zu finden sind!
Benutze eine Straßenkarte und einen Reiseführer!

An der Tankstelle

Du machst mit deiner Familie eine Reise durch Frankreich. Dein Vater will tanken.
Ihr haltet an einer kleinen Tankstelle.

1. Der Tankwart begrüßt euch und fragt nach euren Wünschen.
    2. Du sagst, daß ihr volltanken wollt.
3. Der Tankwart fragt, welche Sorte Benzin ihr haben wollt.
    4. Du sagst, daß ihr Super bleifrei tankt.
5. Der Tankwart fragt, ob er den Ölstand prüfen soll.
    6. Du verneinst, bittest ihn aber um Überprüfung des Reifendruckes.
7. Du fragst, was ihr zu bezahlen habt.
    8. Der Tankwart sagt 296 F.
9. Du gibst dem Tankwart 300 F und sagst, daß es stimmt.
    10. Der Tankwart bedankt sich, verabschiedet sich und wünscht euch eine gute Fahrt.
11. Du bedankst und verabschiedest dich.

V			**V+**		
devoir	müssen, schulden		l'aire de repos *(f.)*	Rastplatz
la directrice	Direktorin, Leiterin		l'autobus *(m.)*	Reisebus
l'essence *(f.)*	Benzin, Treibstoff		l'autoroute *(f.)*	Autobahn
l'huile *(f.)*	Öl		le camion	Lastwagen
la jauge d'essence	Benzinuhr		le camping car	Wohnmobil
national,e	national		le car	Linienbus
nettoyer	reinigen, säubern		la caravane	Wohnwagen
le niveau d'huile	Ölstand		le carrefour	Straßenkreuzung
l'ordinaire *(m.)*	Normalbenzin		la carte routière	Straßenkarte
le palais	Palast		le casque	Sturzhelm
le pape	Papst		la circulation	der Straßenverkehr
le pare-brise	Windschutzscheibe		le conducteur	Fahrer
en particulier	besonders		le feu rouge	Ampel auf rot
pas de quoi	keine Ursache		le feu vert	Ampel auf grün
le plomb	Blei		la glissière de sécurité	Leitplanke
plus	plus, zusätzlich		la moto	Motorrad
le pneu	Reifen		le motocycliste	Motorradfahrer
la pompe	Pumpe, *hier:* Zapfsäule		le panneau routier	Verkehrsschild
le pompiste	Tankwart		le passage protégé	Fußgängerüberweg
la pression	Druck		la remorque	Anhänger
le reste	Rest		le rond-point	Kreisverkehr
la route	Landstraße		la route départementale	Departementstraße
sans	ohne		la route nationale	Nationalstraße
sans plomb	bleifrei		le taxi	Taxi
la sortie	Ausgang, Ausfahrt		le tracteur	Traktor
la station-service	Tankstelle		le virage	Kurve
le super	Superbenzin		la voiture	Wagen, Auto
vérifier	überprüfen			
vers	gegen, nach, zu			
le village	Dorf			

Au restaurant

A Arles, Jens et ses copains visitent la vieille ville avec les arènes et le théâtre antique. Le temps est magnifique.

Dans la soirée, ils ont faim. A côté des arènes il y a un petit restaurant «Au soleil de Provence».
Les jeunes gens s'assoient à la terrasse. Ils appellent le garçon.

Jens:	Monsieur, la carte s'il vous plaît.
Le garçon:	La voilà, messieurs.

Jens, Thomas et Andreas regardent la carte. Il y a un menu à 55 francs et un menu à 78 francs.
Le garçon arrive et prend la commande.

Le garçon:	Vous avez choisi, messieurs?
Jens:	Oui, je prends le menu à 55 F, avec une salade de crudités comme hors-d'œuvre et ensuite du poulet aux olives avec du riz et pour finir du fromage.
Thomas:	Pour moi, une terrine de canard comme entrée, puis une côte de porc avec des frites et aussi du fromage.
Andreas:	Et moi, je prends le menu à 78 F avec les asperges comme entrée, ensuite une escalope de veau aux champignons avec de la purée et une glace comme dessert.
Le garçon:	Bien messieurs! Et comme boissons?
Jens:	Apportez-nous une carafe d'eau, s'il vous plaît.

Le garçon apporte les hors-d'œuvre et une carafe d'eau.

Jens:	Bon appétit!
Andreas:	Bon appétit!
Thomas:	A vous aussi!

3

Questions sur le texte

1. Qu'est-ce que Jens et ses copains visitent à Arles?

_____

2. Est-ce qu'il fait beau?

_____

3. Dans quel restaurant vont-ils?

_____

4. Où se trouve ce restaurant?

_____

5. Combien coûtent les menus?

_____

6. Qui prend la commande?

_____

7. Qu'est-ce que Jens prend comme entrée?

_____

8. Que prend Andreas comme dessert?

_____

9. Que boivent les jeunes gens?

_____

10. Qu'est-ce qu'ils se souhaitent avant de manger?

_____

Les métiers

Schreibe die Wörter zu den Ziffern 1–14 in dein Heft. Beachte das Zusatzvokabular!

3

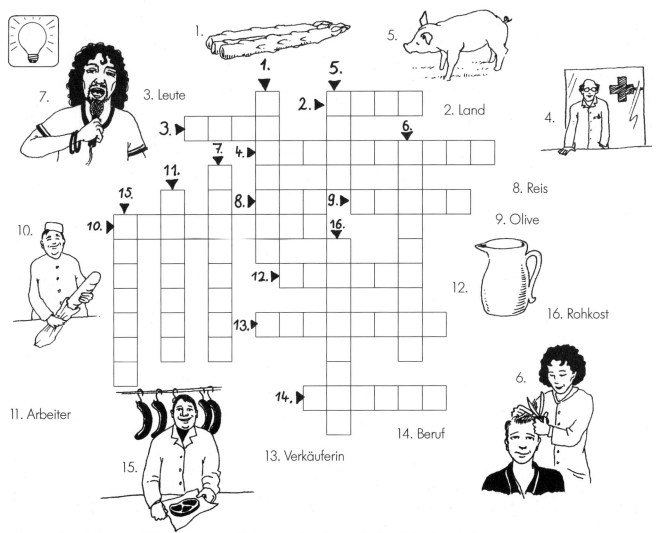

3. Leute
7.
2. Land
4.
8. Reis
9. Olive
16. Rohkost
11. Arbeiter
12.
14. Beruf
13. Verkäuferin
15.
6.

Hier sind 18 bekannte Wörter waagerecht bzw. senkrecht versteckt. Schreibe sie heraus!

	A	B	C	D	E	F	G	H	I	J	K	L	M	N	O	P
1	B	O	U	L	A	N	G	E	R	Q	W	P	U	R	É	E
2	O	X	C	V	A	A	W	Q	R	Z	A	A	V	B	N	M
3	U	J	K	A	T	I	Q	U	E	Y	Y	W	E	R	T
4	C	A	N	A	R	D	P	L	K	I	U	S	X	A	K	M
5	H	G	F	S	C	X	C	A	I	S	S	I	È	R	E	D
6	E	D	F	P	O	R	C	W	S	C	V	F	R	È	A	D
7	R	G	G	E	P	H	A	N	T	E	U	R	N	P	V
8	K	T	S	R	K	G	B	J	H	K	L	R	E	E	D	E
9	J	X	Y	G	A	H	G	F	S	D	N	M	Y	T	Z	N
10	O	T	Z	E	A	O	P	U	O	F	G	G	H	J	K	D
11	L	G	U	L	R	I	Z	Y	I	T	H	É	Â	T	R	E
12	I	H	K	Z	W	D	F	G	R	K	L	J	H	G	F	U
13	V	D	C	R	U	D	I	T	É	S	Z	M	B	N	Z	S
14	E	Y	H	D	R	T	Z	X	E	M	P	L	O	Y	É	E

Exercices

1. Vorlieben erfragen und ausdrücken.

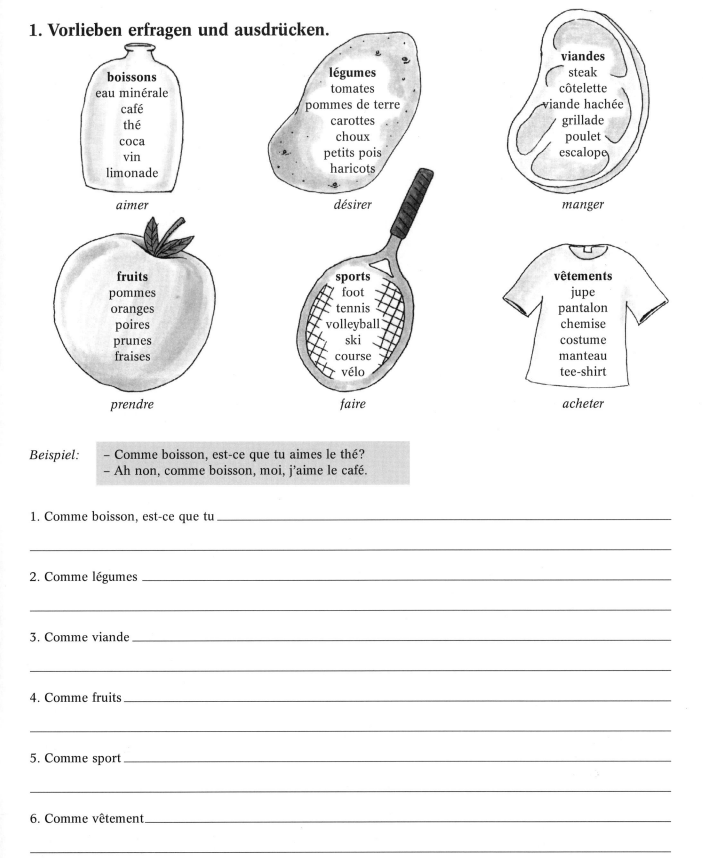

boissons
eau minérale
café
thé
coca
vin
limonade

aimer

légumes
tomates
pommes de terre
carottes
choux
petits pois
haricots

désirer

viandes
steak
côtelette
viande hachée
grillade
poulet
escalope

manger

fruits
pommes
oranges
poires
prunes
fraises

prendre

sports
foot
tennis
volleyball
ski
course
vélo

faire

vêtements
jupe
pantalon
chemise
costume
manteau
tee-shirt

acheter

Beispiel: – Comme boisson, est-ce que tu aimes le thé?
– Ah non, comme boisson, moi, j'aime le café.

1. Comme boisson, est-ce que tu _____

_____

2. Comme légumes _____

_____

3. Comme viande _____

_____

4. Comme fruits _____

_____

5. Comme sport _____

_____

6. Comme vêtement _____

_____

2. Glück- und Segenswünsche ausdrücken.

Bonne journée!   Bon appétit!   Bon voyage!   A votre santé!   Bonne nuit!

Bonne santé!   A vos souhaits!   Bonjour!   Salut!

Bonne route!   Bon séjour!   Bonnes vacances!   A bientôt!   Au revoir!   Bonne soirée!

Bonne promenade!

Wie sagt man auf französisch?

1. Anstoßen: _____

2. Abend: _____

3. Essensbeginn: _____

4. Abreise: _____

5. Niesen: _____

6. Ferienbeginn: _____

7. Tagesbeginn: _____

8. Begegnen: _____

9. Ferienaufenthalt: _____

10. Abschied: _____

11. Verabredung: _____

12. Genesung: _____

13. Begegnen: _____

14. Abfahrt: _____

15. Schlafengehen: _____

16. Spazierengehen: _____

3. Auffordern.

La famille Legrand est à table. M. Legrand, Mme Legrand, Monique et Paul. Simone, l'amie de Monique et Daniel, l'ami de Paul.

Beispiel:	*Mme Legrand:* Paul, **donne-moi** le poivre, s'il te plaît.
	Paul: Voilà le poivre, maman.
	Mme Legrand: Merci, Paul.
	Paul: Pas de quoi.
	Simone: M. Legrand, **passez-moi** l'eau minérale, s'il vous plaît.
	M. Legrand: Voilà l'eau minérale, Simone.
	Simone: Merci, monsieur.
	M. Legrand: Pas de quoi, Simone.

1. Monique demande à Daniel.

2. M. Legrand demande à Simone.

3. Paul demande à Daniel.

4. Monique demande à Mme Legrand.

5. Daniel demande à M. Legrand.

6. Simone demande à Mme Legrand.

 ## 4. Erfragen und angeben, was jemand macht.

a) Beispiel:	*Mme Legrand:* Qu'est-ce que **tu vas faire** après le repas?
	Paul: **Je vais aller** au stade.
	Mme Legrand: Qu'est-ce que **tu vas faire** au stade?
	Paul: **Je vais regarder** un match de foot.

1. Daniel demande à Paul ──────────► lundi après l'école/aller au cinéma/regarder un film

2. Mme Lagarde demande à sa fille Christine ► après le dîner/rester à la maison/regarder la télé

3. Annick demande à Muriel ──────────► samedi soir/aller dans une discothèque/danser

4. Annie-Hélène demande à Armand ──────────► dimanche après-midi/aller dans le parc/faire une promenade

b) Beispiel:

Monique:	Madame, qu'est-ce que **vous allez faire** pendant les vacances?
Mme Legrand:	**On va aller** au bord de la mer.
Monique:	Qu'est-ce que **vous allez faire** au bord de la mer?
Mme Legrand:	**On va se baigner.**

1. M. Poirot demande à Mme Chevalier ⟶ dimanche soir/sortir avec des amis/aller au restaurant

2. M. Faure demande à Mme Darc ⟶ en vacances/aller en Provence/faire des excursions

3. Mme Lasalle demande à Mme Juste ⟶ à Noël/rester en famille/se reposer

4. M. Duroc demande à Mme Iris ⟶ le weekend/aller en Bretagne/faire des promenades

5. Unbestimmte Mengen erfragen und angeben.

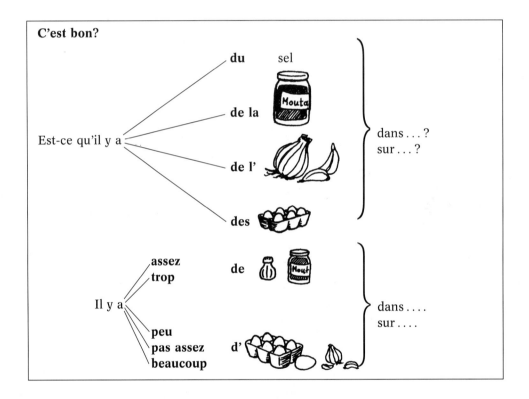

Beispiel:

A table.

Est-ce qu'il y a **du sel** dans la soupe?
Attends, je goûte, pour moi, il y a **trop de sel** dans la soupe.
Pour moi, il y a **peu de sel** dans la soupe.
Pour moi, il y a **assez de** sel dans la soupe.
Pour moi, il y a **beaucoup de** sel dans la soupe.
Pour moi, c'est bien.

1. du sucre dans le café
2. du poivre sur le steak
3. de la confiture sur la tartine
4. des oignons dans la sauce

5. du ketchup sur les spaghettis
6. de l'ail dans la soupe
7. de la mayonnaise sur les œufs
8. des œufs dans le gâteau

La France, pays agricole et industriel.

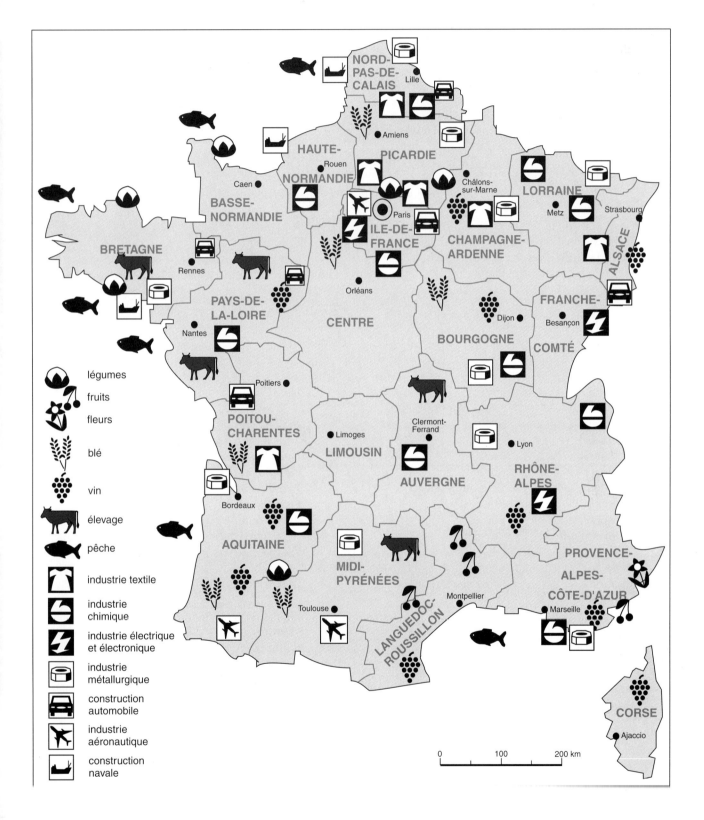

Welche Industriezweige und welche Agrarprodukte gibt es in den einzelnen Regionen?

 **Im Restaurant**

Du bist mit deiner Familie in Frankreich unterwegs. Nach einer langen Tagesfahrt habt ihr ein Hotel gefunden und wollt im Restaurant zu abend essen.

1. Am Eingang des Restaurants begrüßt euch ein Kellner und fragt euch, ob ihr einen Tisch wünscht.
   2. Du grüßt den Kellner, bejahst seine Frage und bittest um einen Tisch für drei Personen.
3. Der Kellner fragt, ob ihr einen Tisch neben der Tür oder an einem Fenster möchtet.
   4. Du sagst, daß ihr den Tisch am Fenster bevorzugt.
5. Der Kellner sagt, daß er die Karte sofort bringt.
   6. Als der Kellner euch die Karte vorlegt, bedankst du dich und sagst, daß ihr einen Apéritif wünscht.
7. Der Kellner fragt nach euren Wünschen.
   8. Du bestellst einen Pastis für deinen Vater, einen Kir Royal für deine Mutter und einen Tomatensaft für dich.
9. Der Kellner bringt den Apéritif und fragt, ob ihr schon gewählt habt.
   10. Du bejahst die Frage und sagst, daß ihr das Menu zu 155 F nehmt.
11. Der Kellner fragt, was ihr trinken möchtet.
   12. Du sagst, daß ihr einen Wein der Gegend nehmt und daß er auch eine Flasche Mineralwasser bringen möchte.

antique	antik	
l'arène (f.)	Arena, Amphitheater	
l'asperge (f.)	Spargel	
le canard	Ente	
la carafe	Karaffe	
la côte	Rippe	
la côte de porc	Schweinekotelett	
les crudités (f.)	Rohkost	
les gens (m.)	Leute	
le hors-d'œuvre	Vorspeise	
l'olive (f.)	Olive	
le pays	Land	
le porc	Schwein	
la purée	Püree, Brei	
le riz	Reis	
la soirée	Abend, Abendzeit	
la terrine	Fleischpastete	
le théâtre	Theater	
l'acteur (m.)	Schauspieler	
l'actrice (f.)	Schauspielerin	
le boucher, la bouchère	Metzger/Metzgerin	
le boulanger, la boulangère	Bäcker/Bäckerin	
le caissier, la caissière	Kassierer/Kassiererin	
le chanteur, la chanteuse	Sänger/Sängerin	

le coiffeur, la coiffeuse	Frisör/Frisörin
le directeur, la directrice	Direktor/Direktorin
l'employé (m.)	Angestellter
l'employée (f.)	Angestellte
l'étudiant (m.)	Student
l'étudiante (f.)	Studentin
le fleuriste, la fleuriste	Blumenhändler/Blumenhändlerin
l'inspecteur (m.)	Aufsichtsbeamter, Inspektor
l'inspectrice (f.)	Aufsichtsbeamtin, Inspektorin
l'instituteur (m.)	Grundschullehrer
l'institutrice (f.)	Grundschullehrerin
le libraire, la libraire	Buchhändler/Buchhändlerin
le masseur, la masseuse	Massör/Massöse
le métier	Beruf
l'ouvrier (m.)	Arbeiter
l'ouvrière (f.)	Arbeiterin
le pharmacien, la pharmacienne	Apotheker/Apothekerin
le secrétaire, la secrétaire	Sekretär/Sekretärin
le vendeur, la vendeuse	Verkäufer/Verkäuferin

Au bord de la mer 4

Après Arles, Jens et ses copains visitent Aigues-Mortes et la Camargue avec ses chevaux, ses taureaux sauvages et aussi ses magnifiques oiseaux. Enfin ils arrivent au bord de la mer Méditerranée. Ils déposent leurs affaires dans un petit hôtel et ils vont à la plage. Là, il y a beaucoup de monde. Jens et ses amis s'installent entre deux familles. Ils sortent de leurs sacs des serviettes de bain, de la crème solaire, des livres et des revues. Puis ils mettent leurs slips de bain.

Anne-Marie:	Regarde Sylvia, c'est bien les trois copains d'Avignon, les trois Allemands. Bonjour…
Thomas:	Mais, c'est Anne-Marie et Sylvia! Bonjour!
Jens:	Ça c'est super! Bonjour…
Andreas:	Bonjour, on va se baigner? Venez avec nous!
Sylvia:	D'accord. Allons-y!

L'eau est bonne. Ils nagent pendant une demie-heure.

Andreas:	On joue aux volley-ball, maintenant?
Thomas:	D'accord!
Jens:	Où est le ballon?
Thomas:	Dans un sac.
Anne-Marie:	Dans le rouge ou dans le vert?
Andreas:	Dans mon sac jaune.
Sylvia:	Wouah! C'est génial! Allez!

Il fait très chaud. Au bout d'une heure, ils ont soif.

Thomas:	J'ai soif. Est-ce que nous avons quelque chose à boire?
Andreas:	Oui, il y a une bouteille d'eau minérale dans mon sac.
Thomas:	On achète des glaces?
Jens:	Quelle bonne idée! C'est chouette. J'y vais. Quel parfum est-ce que vous voulez?
Thomas:	Vanille – fraise.
Andreas:	Chocolat – noisette.
Anne-Marie:	Chocolat – fraise.
Sylvia:	Citron – caramel. Je viens avec toi, Jens.
Jens:	Très bien, nous sommes là dans un instant.

Ah! …elles sont bonnes!
Les jeunes mangent leurs glaces avec plaisir. Puis ils s'allongent sur le sable pour bronzer.
Quelle belle journée!

4 ————————————————

 Questions sur le texte

1. Quels animaux est-ce qu'on peut voir en Camargue?

_____

2. Où arrivent Jens et ses copains?

_____

3. Où est-ce qu'ils mettent leurs affaires?

_____

4. Qu'est-ce qu'ils sortent de leurs sacs?

_____

5. Qu'est-ce qu'ils font à la plage?

_____

6. Combien de temps est-ce qu'ils nagent?

_____

7. Où est le ballon?

_____

8. Qu'est-ce qu' Andreas a apporté à boire?

_____

9. Quelle glace mange Sylvia?

_____

10. Pourquoi est-ce que les jeunes gens s'allongent sur le sable?

_____

Les sports d'hiver

Schreibe die Wörter zu den Ziffern 1–14 in dein Heft. Beachte das Zusatzvokabular!

4

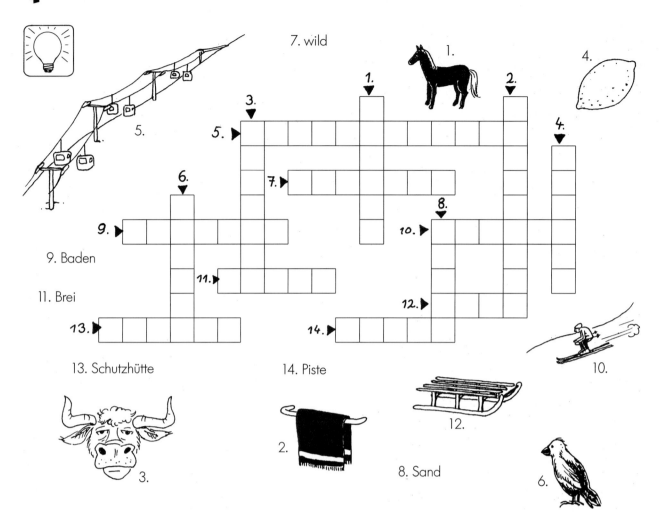

7. wild

5.

9. Baden

11. Brei

13. Schutzhütte

14. Piste

9.

8. Sand

3.

2.

12.

10.

Hier sind 18 bekannte Wörter waagerecht bzw. senkrecht versteckt. Schreibe sie heraus!

	A	B	C	D	E	F	G	H	I	J	K	L	M	N	O	P
1	S	A	U	V	A	G	E	A	X	S	Y	X	B	O	U	T
2	E	Q	W	R	T	Z	T	M	N	Z	L	Y	A	L	K	A
3	R	F	C	I	T	R	O	N	F	G	U	Z	L	Q	H	U
4	V	G	H	Q	X	K	H	P	J	H	G	X	L	S	G	R
5	I	H	E	E	C	S	K	I	K	G	E	W	O	D	A	E
6	E	J	V	D	V	U	F	S	L	J	R	Q	N	C	B	A
7	T	K	A	E	B	P	W	T	I	U	M	C	V	B	N	U
8	T	P	L	A	G	E	B	E	M	F	N	T	Z	U	R	Q
9	E	W	R	T	B	R	D	Q	B	R	O	N	Z	E	R	Y
10	M	N	K	Z	A	S	T	P	L	A	L	K	M	N	H	G
11	K	D	É	P	O	S	E	R	D	I	B	N	C	D	R	T
12	S	D	R	T	Z	H	K	L	M	S	P	A	R	F	U	M
13	L	J	H	G	D	W	R	Y	X	E	W	S	D	H	A	Q
14	B	A	I	G	N	E	R	Q	L	K	O	I	S	E	A	U

Exercices

1. Zustimmung oder Ablehnung ausdrücken.

D'accord.

a) Beispiel: *Laure:*   On va au cinéma, ce soir. Tu viens avec nous?
   Régis: D'accord, je viens avec vous.

   b) Beispiel: *Mme Godard:*   On va au cinéma, ce soir. Vous venez avec nous?
   Mme Petit: D'accord, je viens avec vous.

1. faire des courses maintenant
2. aller à la plage après le petit déjeuner

3. aller manger des crêpes après les courses
4. aller prendre le café chez nous

1. *Laure:* On va faire _____

_____

2. _____

_____

3. _____

_____

4. _____

_____

D'accord ou pas d'accord?

   c) Beispiel: Dans la cour de l'école.

   Joffrey: On joue au foot? D'accord?
   Marc: Non, on joue au volley.
   (D'accord, on joue au foot.)

1. skier/faire de la luge
2. jouer aux cartes/regarder la télé
3. patiner/faire un bonhomme de neige
4. jouer aux échecs/écouter des CD

5. faire du jogging/faire du vélo
6. aller à la piscine/aller à la discothèque
7. faire une promenade/rester à la maison
8. aller à la pêche/aller dans la forêt

4

2. Wünsche äußern und darauf reagieren.

a) Beispiel: *Daniel:*   J'ai soif. Tu as quelque chose à boire?
　　　　　　　Christine: Bien sûr, j'ai du coca.

avoir soif　　avoir faim

quelque chose à manger　quelque chose à boire

1. _____

2. _____

3. _____

4. _____

5. _____

6. _____

7. _____

8. _____

9. _____

10. _____

11. _____

3. Etwas wählen.

a) Beispiel:

Qu'est-ce qu'ils désirent comme glace?

Jens:	Je voudrais une glace.
La vendeuse:	Quel parfum est-ce que vous voulez, vanille ou fraise?
Jens:	Je voudrais une glace vanille-chocolat.

citron
vanille   chocolat   caramel   pistache
    fraise   noisette

b) Beispiel:

Qu'est-ce qu'ils désirent comme vêtement?

Sophie:	Je voudrais un jean.
Le vendeur:	Vous voulez un jean de quelle couleur, un bleu ou un noir?
Sophie:	Je voudrais un jean bleu.

noir, noire   blanc, blanche   vert, verte   bleu, bleue   rose
    rouge   jaune

un manteau   une veste   une cravate   un corsage   un tee-shirt
    un anorak   une écharpe

4. Un télégramme. – Ein Telegramm.

Was paßt zueinander?

1. Bien arrivé.   a) Schreibt mir!

2. Je suis malade.   b) Gutes Hotel.

3. Temps magnifique.   c) Gruß an alle.

4. Bon hôtel.   d) Angenehme Reise.

5. Bonjour à tous.   e) Gutes Essen.

6. Voyage agréable.   f) Gut angekommen.

7. A bientôt.   g) Herrliches Wetter.

8. Bonne nourriture.   h) Viel zu besichtigen.

9. Ecrivez-moi.   i) Bis bald!

10. Beaucoup de choses à visiter.   j) Bin krank.

Am Meer

Du triffst mit deinem Freund zwei französische Mädchen, Nadine und Véronique, die ihr auf eurer Frankreichreise kürzlich kennengelernt habt.

1. Du sagst, daß es toll ist, sie zu treffen.
   2. Nadine stimmt zu und sagt, daß sie und Véronique zum Strand gehen wollen.
3. Du fragst, ob du und dein Freund Peter mitkommen dürfen.
   4. Véronique sagt, daß sie einverstanden sind, daß es ihnen Freude macht.
5. Du fragst, ob sie schwimmen wollen.
   6. Nadine sagt, daß sie auch ein Sonnenbad nehmen möchte.
7. Véronique sagt, daß sie auch ein Sonnenbad nehmen möchte.
   8. Du fragst, ob sie auch mit euch Ball spielen möchten.
9. Nadine bejaht und fragt, ob ihr auch einen Ball bei euch habt.
   10. Du sagst, daß Peter einen Ball in seiner blauen Tasche hat.
11. Nach dem Spiel sagen die Mädchen, daß sie Durst haben, und fragen, ob ihr etwas zu trinken dabei habt.
   12. Du sagst, daß ihr nichts zum Trinken dabei habt. Aber du schlägst vor, Eis kaufen zu gehen.
13. Véronique sagt, das sei eine gute Idee. Nadine ist begeistert.
   14. Du fragst, welche Sorte Eis sie haben wollen.
15. Véronique wünscht Vanille und Schokolade. Nadine möchte Erdbeer und Nuß.

Aigues-Mortes	*Stadt in der Provence*	**le slip de bain**	Badehose
s'allonger	sich hinlegen, sich ausstrecken	**sortir**	herausnehmen
		Super!	Super!
se baigner	baden	**le taureau**	Stier
le ballon	Ball, Fußball	**la vanille**	Vanille
beaucoup de monde	viele Leute	**le volley-ball**	Volleyball
le bout	Ende, Spitze	**Wouah!**	Wow!
au bout	nach		
bronzer	bräunen	**le bâton de ski**	Skistock
la Camargue	*Landschaft am Mittelmeer*	**le bonhomme de neige**	Schneemann
le caramel	Karamel	**la boule de neige**	Schneeball
le cheval, les chevaux	Pferd, Pferde	**le chasse-neige**	Schneepflug
chouette	toll, prima, nett	**la chaussure de ski**	Skischuh
le citron	Zitrone	**faire de la luge**	Schlitten fahren
la crème solaire	Sonnencreme	**la luge**	Schlitten
déposer	ablegen	**le patin à glace**	Schlittschuh
la fraise	Erdbeere	**patiner**	Schlittschuhlaufen
génial	genial	**la patinoire**	Eislaufbahn
l'instant *(m.)*	Augenblick, Moment	**la piste**	Piste
la mer Méditerranée	Mittelmeer	**le refuge**	Schutzhütte
nager	schwimmen	**le ski**	Ski
la noisette	Haselnuß	**le ski alpin**	Abfahrtsski
l'oiseau *(m.)*	Vogel	**le ski de fond**	Langlaufski
le parfum	Aroma, Duft	**skier**	Skilaufen
pendant	während	**le skieur**	Skiläufer
la plage	Strand	**la skieuse**	Skiläuferin
le plaisir	Freude, Vergnügen	**le sport d'hiver**	Wintersport
le sable	Sand	**le téléphérique**	Seilbahn
sauvage	wild	**le téléski**	Skilift
la serviette	Handtuch	**le tremplin de ski**	Sprungschanze
la serviette de bain	Badetuch		

 **Chanson**

Les longs cheveux

J'aime bien les longs cheveux
Ils sont un peu rebelles[1]
Et se laissent ébouriffer[2]
Et puis dépeigner[3]
En queue de cheval[4], en tresses[5]
Qui s'entremêlent[6]
Quand sous la pluie je les caresse[7]
pour bien les lisser[8]

Quand tu te baignes ce sont des algues[9]
Des algues marines[10]
Où vivent encore des poissons d'or
Et des poissons d'argent
Les filles adorent peigner longuement
Leurs mèches[11] fines[12]
Quand elles se mirent[13] dans leur grand miroir[14]
Le soir, en rêvant

Même les petits insectes[15]
Dont tes doigts se souviennent
Dans ta chevelure[16] se promènent
Et cherchent la raie[17]
La nuit, je vois tes longs cheveux
Comme des antennes[18]
Se nouer[19], se mêler[20] aux miens
Sur mon coussin[21] à raies[22]

Gilles Floret

© Ernst Klett Verlag GmbH, Stuttgart 1996

Welche französischen Sängerinnen und Sänger kennst du?

Vocabulaire: 1 rebelle [rəbɛl] –> rebellisch – **2 ébouriffer** [eburife] zerraufen – **3 dépeigner** [depeɲe] zerzausen – **4 une queue de cheval** [kødʃəval] ein Pferdeschwanz – **5 une tresse** [yntrɛs] ein Zopf – **6 s'entremêler** [sɑ̃trəmɛle] sich verschlingen – **7 caresser** [karɛse] streicheln – **8 lisser** [lise] glätten – **9 une algue** [ynalg] eine Alge – **10 marin, e** [marɛ̃/marin] See- – **11 une mèche** [ynmɛʃ] eine Strähne – **12 fin, e** [fɛ̃/fin] fein – **13 se mirer** [səmire] sich in einem Spiegel betrachten – **14 un miroir** [ɛ̃mirwar] ein Spiegel – **15 un insecte** [ɛ̃nɛsɛkt] ein Insekt – **16 la chevelure** [laʃəvəlyr] das Haar – **17 la raie** [larɛ] der Schietel – **18 une antenne** [ynɑ̃tɛn] eine Antenne – **19 se nouer** [sənwe] sich verflechten – **20 se mêler** [səmɛle] = s'entremêler – **21 un coussin** [ɛ̃kusɛ̃] in Kissen – **22 à raies** [arɛ] gestreift

Jens, Thomas et Andreas passent encore quelques jours aux Saintes-Maries-de-la-Mer. Un matin, Thomas se réveille. Il est malade. Il a mal à la gorge. Il a de la fièvre.

| *Jens:* | Je vais demander l'adresse d'un médecin à la réception. |
| | Je reviens tout de suite. |

Jens revient au bout de 10 minutes.

| *Jens:* | On m'a donné le nom et l'adresse d'une femme médecin. Elle a des consultations de |
| | 9 heures à midi. |

Jens et Andreas prennent leur petit déjeuner et Thomas reste encore au lit. A 8 h 45, ils vont au cabinet du Dr. Legrand. Il sont les premiers.

Dr. Legrand:	Bonjour, messieurs!
Thomas:	Bonjour, Docteur.
Dr. Legrand:	Qu'est-ce que je peux faire pour vous?
Thomas:	J'ai mal à la gorge et j'ai de la température.
Dr. Legrand:	Regardons ça.

La femme médecin examine la gorge de Thomas.

Dr. Legrand:	En effet, vous avez la gorge toute rouge. C'est une angine. Comme vous avez de la
	fièvre, je vais vous donner des antibiotiques et des pastilles pour la gorge.
	Restez deux jours au lit et buvez des infusions.
	Je vais vous faire une ordonnance. Nous sommes quel jour aujourd'hui?
Thomas:	Aujourd'hui, nous sommes le 27 juillet.
Dr. Legrand:	Voilà. La pharmacie n'est pas loin.
Thomas:	Merci, Docteur, Combien est-ce que je vous dois?
Dr. Legrand:	La consultation coûte 120 F.

Thomas rentre directement à l'hôtel et il se couche. Andreas et Jens vont à la pharmacie et achètent les médicaments. Ils apportent les médicaments à Thomas. Puis, ils prennent leurs affaires pour aller à la plage.

| *Thomas:* | Zut alors, Vous allez à la plage et moi, je dois rester au lit. |
| | Quelles vacances! |

Questions sur le texte

1. Dans quelle ville se trouvent Jens, Thomas et Andreas?

_____

2. Thomas est malade. Qu'est-ce qu'il a?

_____

3. Qu'est-ce qu'on a donné à Jens à la réception?

_____

4. A quelle heure est-ce que la femme médecin a des consultations?

_____

5. Comment s'appelle la femme médecin?

_____

6. Qu'est-ce que la femme médecin examine?

_____

7. Qu'est-ce qu'elle donne à Thomas?

_____

8. Qu'est-ce que Thomas doit faire maintenant?

_____

9. Quel est le prix de la consultation?

_____

10. Où est-ce qu'Andreas et Jens achètent les médicaments?

_____

Un accident

Schreibe die Wörter zu den Ziffern 1–10 in dein Heft. Beachte das Zusatzvokabular!

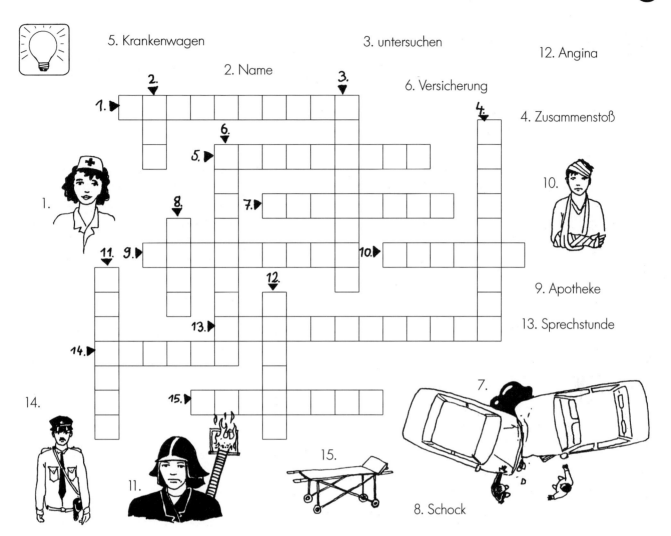

5. Krankenwagen

3. untersuchen

12. Angina

2. Name

6. Versicherung

4. Zusammenstoß

10.

9. Apotheke

13. Sprechstunde

7.

14.

11.

15.

8. Schock

Hier sind 18 bekannte Wörter waagerecht bzw. senkrecht versteckt. Schreibe sie heraus!

	A	B	C	D	E	F	G	H	I	J	K	L	M	N	O	P
1	A	N	T	I	B	I	O	T	I	Q	U	E	X	H	H	T
2	S	Q	S	N	I	W	L	P	K	I	S	D	F	Ô	G	R
3	S	X	P	O	M	P	I	E	R	N	J	P	M	P	N	A
4	U	Y	S	M	W	R	Y	S	G	F	H	H	K	I	M	N
5	R	V	B	C	F	E	M	M	E	U	C	A	B	T	K	S
6	A	M	B	U	L	A	N	C	E	S	L	R	H	A	M	P
7	N	X	C	Y	V	C	B	N	M	I	K	M	J	L	H	O
8	C	P	K	L	P	C	Z	T	R	O	W	A	Q	S	D	R
9	E	F	A	N	G	I	N	E	F	N	H	C	K	P	L	T
10	Q	W	E	O	T	D	Z	I	C	P	X	I	M	O	K	E
11	C	A	B	I	N	E	T	X	H	C	V	E	V	L	B	R
12	X	S	Q	R	Y	N	B	C	O	L	L	I	S	I	O	N
13	C	V	B	N	M	T	K	L	V	H	G	F	D	C	R	T
14	C	O	N	S	U	L	T	A	T	I	O	N	L	E	K	Z

5

 Exercices

1. Nach dem Befinden fragen und darüber Auskunft geben. (1)

– Comment allez-vous, monsieur/madame/mademoiselle?

– Comment vas-tu Monique?

– Ça va.

> – Très bien.
> – Bien.
> – Pas mal.
> – Comme ci, comme ça.
> – Mal.
> – Pas du tout.

a) Beispiel: **M. Dupuis:**   Bonjour, madame, comment allez-vous?
   Mme Delors: Bonjour, monsieur, très bien, merci, et vous?

1. Une cliente rencontre une vendeuse dans un magasin.

2. M. Vert rencontre M. Gilbert au stade.

3. Un employé rencontre sa patronne, Mme Lussac au bureau.

4. Gilberte rencontre son professeur de français, M. Gris, devant le collège.

5. Mme Brun rencontre Mme Servant devant un magasin.

6. M. Petit rencontre son patron M. Grand, au cinéma.

b) Beispiel: *Alain:*   Salut, Michel, ça va?
   Michel: Salut, Alain! Pas mal, merci. Et toi?

1. Les deux amies, Sonia et Sylvie, se rencontrent dans la rue.

2. Jean rencontre son cousin Yves à la piscine.

3. Julien rencontre son amie Christine à la poste.

4. Philippe rencontre son cousin Alain au stade.

5. Christine rencontre sa tante Mireille au parking du supermarché.

6. Joffrey rencontre son amie Brigitte devant l'école.

2. Nach dem Befinden fragen und darüber Auskunft geben. (2)

Beispiel:

Marc:	Salut, Luc, ça va?
Luc:	Salut, Marc! Non, pas du tout.
Marc:	Qu'est-ce qu'il y a?
Luc:	J'ai mal aux dents.
Marc:	Alors, il faut aller chez le denstiste.

1. Mme Durand rencontre Mme Dubois. Mme Dubois ne va pas bien. Elle a de la fièvre.

_____

_____

_____

_____

_____

2. Sonia rencontre Josiane. Josiane ne va pas bien. Elle a mal à la tête.

_____

_____

_____

_____

_____

3. M. Bonbel rencontre M. Greco. M. Greco ne va pas bien. Il a mal au dos.

_____

_____

_____

_____

_____

4. Mme Tournan téléphone à son amie Mlle Langlois. Mlle Langlois ne va pas bien. Elle a mal aux dents.

_____

_____

_____

_____

_____

5 —————————————————————

3. Datum erfragen und angeben.

Beispiel: – C'est le combien, aujourd'hui?   – C'est le premier mai.
               – Et demain?   – C'est le deux mai.

Prends le calendrier et regarde!

1. C'est le combien, aujourd'hui? _____

2. Et demain, c'est le combien? _____

3. Et dans trois jours? _____

4. Et dimanche? _____

5. Et dans 8 jours? _____

6. Et dans quinze jours? _____

7. Et dans trois semaines? _____

8. Et dans un mois? _____

4. Les fêtes en France.

Was paßt zueinander

Qu'est-ce qu'on fête

1. le 1er janvier ——————————┐   a) Saint-Nicolas

2. le 1er mai   b) Fête Nationale

3. le 1er novembre   c) Noël

4. le 6 janvier   ————————▶   d) Nouvel An

5. le 14 février   e) Fête de la Réunification

6. le 14 juillet   f) Toussaint

7. le 6 décembre   g) Fête des Rois

8. le 25 décembre   h) Saint-Valentin

9. Et qu'est-ce qu'on fête le 3 octobre en Allemagne?   i) Fête du travail

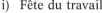

5. Suche das Gegenteil!

Beispiel: entrer → sortir

1. arriver	a) chanter
2. demander	b) courir
3. pleurer	c) enlever
4. se lever	d) partir
5. trouver	e) rire
6. acheter	f) vendre
7. devoir	g) chercher
8. quitter	h) rester
9. commencer	i) payer
10. descendre	j) finir
11. fermer	k) monter
12. marcher	l) se coucher
13. parler	m) répondre
14. mettre	n) ouvrir
15. tirer	o) pousser

6. Welches Wort verbirgt sich hier?

1. ginane _____

2. bacenit _____

3. finsuion _____

4. palliste _____

5. marciphae _____

6. mon _____

5

La France et l'administration

Les institutions politiques et l'administration en France

Le président de la République est le chef de l'Etat.
Il réside à Paris, au Palais de l'Elysée.
Il est élu pour 7 ans directement par toutes les Françaises et tous les Français
de plus de 18 ans.
Il dirige la politique étrangère.
Il est chef des armées.
Il nomme le Premier ministre et les ministres.
Le Premier ministre est le chef du gouvernement.
Les députés de l'Assemblée nationale sont élus pour 5 ans.
Ils votent les lois.
La France est divisée en régions, départements et communes.

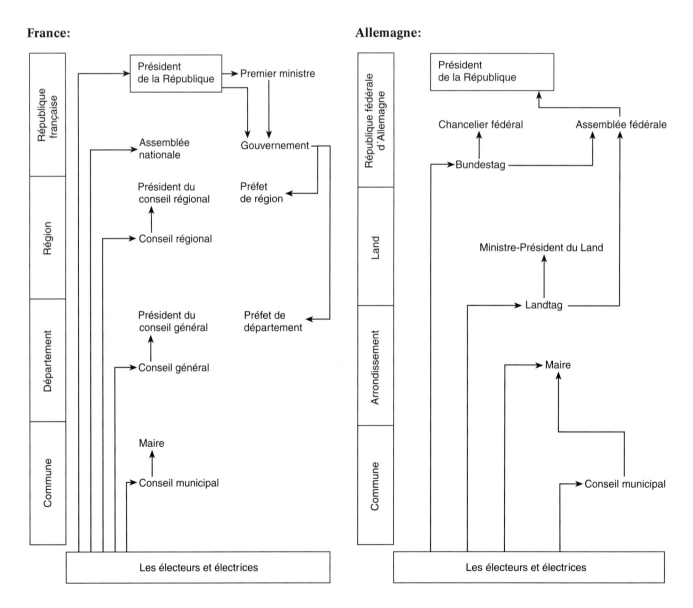

Vergleiche das politische System Frankreichs mit dem deutschen System!

Wir brauchen einen Zahnarzt.

Du bist mit deinen Eltern in Ferien in Frankreich. Deine Mutter hat Zahnschmerzen.

1. Du gehst zu der Rezeption des Hotels und fragst, ob es in der Nähe einen Zahnarzt gibt.
    2. Die Dame an der Rezeption fragt dich, ob du Zahnschmerzen hast.
3. Du verneinst und sagst, daß deine Mutter Zahnschmerzen hat.
    4. Die Dame an der Rezeption sagt, du möchtest einen Moment warten, sie wolle schauen, welcher Zahnarzt Dienst habe.
5. Dann sagt sie dir, Dr. Latour hat Dienst.
    6. Du fragst, wo Dr. Latour wohnt.
7. Sie sagt, das ist 9, rue des Rochers.
    8. Du fragst, ob das sehr weit ist.
9. Sie verneint und erklärt den Weg. Sie sagt, daß du vor dem Hotel nach rechts gehen mußt, dann die dritte Straße links bis zur Ampel und dann rechts in die rue des Rochers einbiegen mußt, und dort ist es das 5. Haus.

l'angine (f.)	Angina
l'antibiotique (m.)	Antibiotika
le cabinet	Sprechzimmer, Praxis
la consultation	Sprechstunde
directement	direkt
en effet	in der Tat, tatsächlich
la femme médecin	Ärztin
l'infusion (f.)	Kräutertee
le nom	Name
la pastille	Lutschtablette
la pharmacie	Apotheke
revenir	zurückkommen
Saintes-Maries de-la-Mer	*Stadt in der Camargue*

l'accident (m.)	Unfall
l'ambulance (f.)	Krankenwagen
l'assurance (f.)	Versicherung
l'auto-pompe (f.)	Löschfahrzeug
le blessé	Verletzte
le brancard	Tragbahre
le chirurgien	Chirurg
le choc	Schock
la collision	Zusammenstoß
examiner	untersuchen
la gendarmerie	Polizei (Land)
l'hôpital (m.)	Krankenhaus
l'infirmier (m.)	Krankenpfleger
l'infirmière (f.)	Krankenschwester
le médecin de service	Notarzt
la police	Polizei (Stadt)
le pompier	Feuerwehrmann
soigner	pflegen, versorgen
transporter	transportieren

Les trois copains veulent acheter des tee-shirts. Mais ils n'ont plus beaucoup d'argent. D'abord, ils vont à la Banque Populaire. Devant le guichet, il y a une longue file d'attente. Ils se mettent dans la file devant le guichet avec le panneau «Change».

L'employée:	Bonjour, monsieur. Vous désirez?
Thomas:	Je voudrais changer 300 marks. Quel est le cours du mark, aujourd'hui?

L'employée regarde sur l'ordinateur.

L'employée:	Aujourd'hui le mark vaut 3,46 F.
	Cela fait 1038 francs pour 300 DM moins 15 F de frais de change.
	Ça fait 1023 francs. Est-ce que je peux vous donner des billets de 500 francs?
Thomas:	Bien sûr, madame.
L'employée:	Voilà 1023 francs.
Thomas:	Merci, madame.
L'employée:	Au suivant!
Jens:	Je voudrais retirer un euro-chèque.
	Combien de francs est-ce que je peux retirer à la fois?
L'employée:	1400 francs, Monsieur.

Jens remplit son chèque, note le numéro de la carte bancaire au dos et le signe.

L'employée:	J'ai besoin d'un papier d'identité et de la carte bancaire.

L'employée contrôle la carte bancaire et la carte d'identité.

L'employée:	Voilà, monsieur, vos papiers. Et voilà 1400 francs.

Pendant ce temps Andreas est allé au distributeur automatique. Il a retiré 1000 francs avec sa carte de crédit. Les trois se retrouvent à la sortie de la banque. Puis ils vont dans un magasin de vêtements.

Questions sur le texte

1. Pourquoi est-ce que les copains ont besoin d'argent?

_____

2. Dans quelle banque est-ce qu'ils vont?

_____

3. Est-ce qu'il y a beaucoup de monde à la banque?

_____

4. Qu'est-ce que Thomas veut faire à la banque?

_____

5. Quel est le cours du mark?

_____

6. Qu'est-ce que Jens veut faire à la banque?

_____

7. Combien d'argent est-ce qu'on peut retirer par euro-chèque?

_____

8. De quels papiers est-ce qu'on a besoin pour retirer un euro-chèque?

_____

9. Avec quoi est-ce qu'Andreas a retiré de l'argent?

_____

10. Où vont les amis à la sortie de la banque?

_____

La banque

Schreibe die Wörter zu den Ziffern 1–11 in dein Heft. Beachte das Zusatzvokabular!

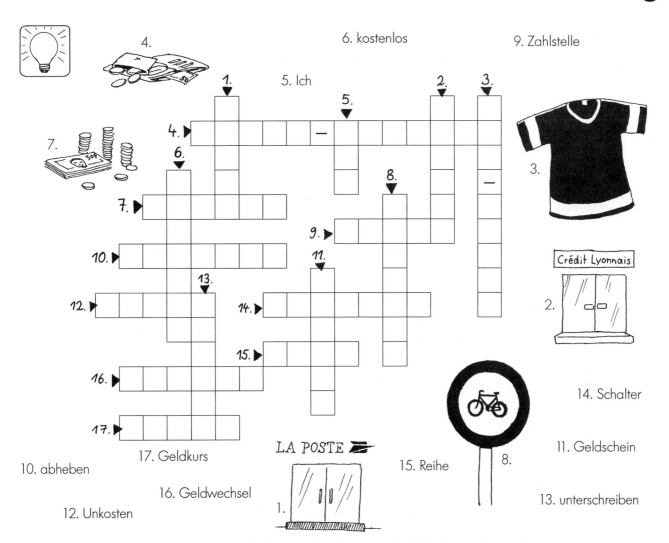

4.

6. kostenlos

9. Zahlstelle

5. Ich

7.

10. abheben

17. Geldkurs

16. Geldwechsel

12. Unkosten

14. Schalter

11. Geldschein

15. Reihe

13. unterschreiben

Hier sind 18 bekannte Wörter waagerecht bzw. senkrecht versteckt. Schreibe sie heraus!

	A	B	C	D	E	F	G	H	I	J	K	L	M	N	O	P
1	D	I	S	T	R	I	B	U	T	E	U	R	D	T	G	H
2	Q	W	I	S	T	Y	A	C	V	B	N	M	K	L	Z	G
3	G	F	G	R	C	T	N	Z	C	H	A	N	G	E	Y	P
4	X	V	N	B	O	M	Q	L	H	K	Z	O	E	R	W	A
5	M	S	E	D	U	X	U	Y	È	V	B	T	N	M	K	N
6	O	G	R	T	R	Z	E	I	Q	K	K	E	T	R	E	N
7	N	X	C	V	S	B	B	N	U	H	F	R	A	I	S	E
8	N	Y	F	T	P	É	A	G	E	K	L	P	O	U	Q	A
9	A	Q	I	W	O	R	T	Z	P	L	K	J	H	B	G	U
10	I	V	L	B	S	X	Y	S	G	R	A	T	U	I	T	B
11	E	W	E	Q	T	R	T	Z	P	H	U	G	F	L	D	X
12	Y	X	C	V	E	B	C	A	I	S	S	E	N	L	M	K
13	W	S	D	F	V	C	B	N	J	K	M	L	Z	E	T	R
14	N	U	M	É	R	O	X	Y	A	R	G	E	N	T	Q	W

6

Exercices

1. Preise und Größen erfragen und angeben.

Beispiel:

La vendeuse:	Mademoiselle, vous désirez?
Annick:	Je voudrais un tee-shirt.
La vendeuse:	Quelle taille?
Annick:	38
La vendeuse:	Regardez ce tee-shirt!
Annick:	Oh! C'est bien. Il coûte combien?
La vendeuse:	Il coûte 89 F.
Annick:	Bien. Je prends le tee-shirt.

2. Auffordern und darauf reagieren.

Achète-moi...
Achète-nous...

acheter

Achetez-moi...
Achetez-nous...

Beispiel: *Christine:* Maman, achète-moi un tee-shirt.
              Maman: Pas aujourd'hui, je n'ai plus d'argent

1. Maman/Christine et Aline/acheter

_____

_____

2. Maman et Papa/Olivier/acheter

_____

_____

3. Maman et Papa/Christine et Aline/acheter

_____

_____

4. Maman et Christine/faire /plus assez de lait

_____

_____

5. Maman/Christine et Aline/faire *Omelette* /plus assez d'œufs

_____

_____

6. Mme Legrand et M. Legrand/faire /plus assez de pain

_____

_____

7. Mme Legrand, Robert, Jeanne/faire /plus assez de farine

_____

_____

6

3. Telefonieren in Notsituationen. Les urgences.

Beispiel: – Tu as de la fièvre?
– Alors, appelle le médecin. Le numéro de téléphone est le...

1. **Police** ☎ 17

2. **Pompiers** ☎ 18

3. ☎ 15

4. **H** ✆ 51.49.50.00

5. **Médecin** ☎ **51.22.86.79**

6. **DENTISTE** ✆ 51.90.54.33

7. ☎ **51.22.84.51**

8. **Mairie** ☎ **51.90.55.06**

a) Tu as mal aux dents.

b) Tu as besoin d'une ambulance.

c) On a volé ta voiture.

d) Tu as besoin de médicaments.

e) Tu es malade.

f) Tu veux des informations sur la ville.

g) Tu dois aller à l'hôpital.

h) Il y a le feu dans ta chambre.

1. _____

2. _____

3. _____

4. _____

5. _____

6. _____

7. _____

8. _____

4. Schilder.

1. **Ne pas parler au chauffeur!**

2. **Ne pas se pencher au dehors!**

3. *Attention au chien!*

4. *Ne pas toucher à la marchandise!*

5. **Ne pas donner à manger aux animaux!**

6. **Tirez.**

7. **Poussez.**

8. **Photo-graphies interdites.**

9. **Attachez vos ceintures de sécurité.**

Wo findest du diese Schilder? Schreibe die Texte unter die Orte!

a) Au Zoo

_____

_____

b) Dans l'avion

_____

_____

c) Dans le bus

_____

_____

d) Au marché

_____

_____

e) Devant une maison

_____

_____

f) A l'entrée

_____

_____

g) Dans le train

_____

_____

h) A la sortie

_____

_____

i) Au musée

_____

_____

5. Welches Wort verbirgt sich hier?

1. anbequ_____

2. gencha _____

3. sourc _____

4. napneua _____

5. regnis _____

6. quèche_____

6

 L'amitié franco-allemande

Wie heißen die Politiker, die sich um die deutsch-französische Freundschaft verdient gemacht haben?
Trage die Namen ein!

1. _____

2. _____

3. _____

4. _____

5. _____

6. _____

7. _____

8. _____

1958 – 1963 Charles de Gaulle et Konrad Adenauer
1969 – 1974 Georges Pompidou et Willy Brandt

1974 – 1981 Helmut Schmidt et Valéry Giscard d'Estaing
1982 – 1995 Helmut Kohl et François Mitterrand

In der Bank

Du bist mit deinem Vater in Frankreich in einer Bank. Dein Vater möchte Franken haben.
Er hat Euroschecks.

1. Ein Angestellter begrüßt euch und fragt nach euren Wünschen.
    2. Du sagst, daß dein Vater Franken haben möchte.
3. Der Angestellte fragt, ob ihr DM tauschen möchtet.
    4. Du verneinst und sagst, daß dein Vater Euroschecks hat.
5. Der Angestellte sagt, daß man mit einem Euroscheck 1400 F bekommen kann.
    6. Du fragst, wieviel das in DM ist.
7. Der Angestellte sagt, daß dies etwa 400 DM sind.
    8. Du sagst, daß ihr 1400 F nehmen möchtet.
9. Der Angestellte nimmt den Scheck und bittet um den Personalausweis deines Vaters.
    10. Der Angestellte gibt euch den Personalausweis mit dem Geld zusammen dankend zurück.
11. Du bedankst dich und verabschiedest dich.
    12. Der Angestellte bedankt sich ebenfalls und wünscht euch einen guten Aufenthalt.

avoir besoin de	brauchen		**l'argent** *(m.)*	Geld
à la fois	auf einmal		**la banque**	Bank
la banque	Bank		**la banque de France**	*Name einer Bank*
la carte bancaire	Bankkarte		**la banque populaire**	*Name einer Bank*
la carte de crédit	Kreditkarte		**le billet**	Schein, Geldschein
le change	Wechsel, Geldwechsel		**la caisse d'épargne**	*Name einer Bank*
le chèque	Scheck		**la carte bancaire**	Kreditkarte
le cours	Kurs		**le chèque**	Scheck
le distributeur automatique	Geldautomat		**le coffre-fort**	Geldschrank, Panzerschrank
l'euro-chèque *(m.)*	Euroscheck		**le crédit agricole**	*Name einer Bank*
la file	Reihe		**le crédit Lyonnais**	*Name einer Bank*
les frais *(m.)*	Unkosten, Gebühren		**le crédit maritime**	*Name einer Bank*
le guichet	Schalter		**le Franc**	Franken
noter	notieren		**gratuit**	kostenlos
le numéro	Nummer		**le Mark**	Mark
le panneau	Schild		**la monnaie**	Kleingeld
les papiers d'identité	Ausweispapiere		**payant**	zu bezahlen
retirer	abheben		**le péage**	Zahlstelle *(z.B. auf Autobahnen)*
signer	unterschreiben		**la pièce de monnaie**	Geldstück
au suivant	der Nächste		**le porte-monnaie**	Geldbeutel
le tee-shirt	Tee-shirt		**la poste**	Post, Postbank
valoir	gelten, wert sein, kosten			

Jens doit rentrer en Allemagne quelques jours avant ses camarades. Andreas et Thomas accompagnent Jens à la gare d'Avignon. Ils vont au guichet pour acheter un billet.

Jens:	Un aller pour Francfort, s'il vous plaît.
L'employé:	Vous prenez le T.G.V. de 9 h 12 jusqu'à Paris?
Jens:	Oui, c'est ça.
L'employé:	La réservation est obligatoire et coûte 45 F.
	Est-ce que vous voulez un compartiment fumeurs ou non fumeurs?
Jens:	Non fumeurs, s'il vous plaît!
L'employé:	Et une place côté fenêtre ou côté couloir?
Jens:	Côté fenêtre.

L'employé tape sur le clavier de son ordinateur!

L'employé:	Voilà. Votre place est dans le wagon 15, place 56, côté fenêtre.
	Alors, sans réduction, ça fait 576 francs pour le billet.
Jens:	De quelle voie part le train?
L'employé:	Il part de la voie trois.
Jens:	A quelle heure est-ce que le train arrive à Paris?
L'employé:	Il arrive à Paris à 14 h 15 à la gare de Lyon. Et le train pour Francfort part de la gare de l'Est à 15 h 48.

Jens paie son billet. Il achète encore un journal pour lire dans le train. Il dit au revoir à ses amis et va sur le quai.
Bientôt, on entend la voix du haut-parleur:

«Attention, attention, quai numéro 3, le T.G.V., en provenance de Marseille va entrer en gare dans quelques instants».

Questions sur le texte

1. Pourquoi est-ce que Jens et ses copains vont à la gare?

_____

2. Qu'est-ce qu'ils veulent faire au guichet?

_____

3. Dans quelle ville est-ce que Jens veut aller?

_____

4. A quelle heure part le train pour Paris?

_____

5. Quel est le prix de la réservation?

_____

6. Quelle place désire Jens?

_____

7. La place de Jens se trouve dans quel wagon?

_____

8. Quel est le prix du billet?

_____

9. Combien de temps dure le voyage d'Avignon à Paris?

_____

10. Combien de temps a Jens pour changer de gare?

_____

L'aéroport

Schreibe die Wörter zu den Ziffern 1–18 in dein Heft. Beachte das Zusatzvokabular!

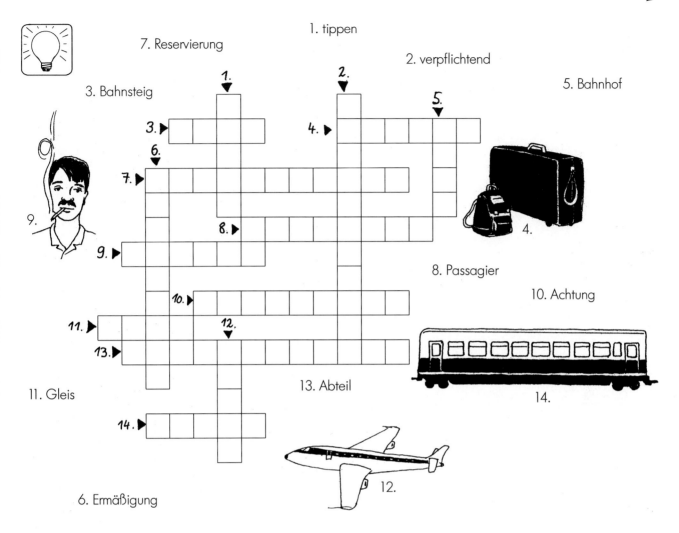

1. tippen

7. Reservierung

2. verpflichtend

3. Bahnsteig

5. Bahnhof

9.

8. Passagier

10. Achtung

11. Gleis

13. Abteil

4.

14.

6. Ermäßigung

12.

Hier sind 18 bekannte Wörter waagerecht bzw. senkrecht versteckt. Schreibe sie heraus!

	A	B	C	D	E	F	G	H	I	J	K	L	M	N	O	P
1	A	T	T	E	N	T	I	O	N	D	B	A	G	A	G	E
2	C	Q	W	D	R	T	K	L	Z	M	N	B	G	V	E	Y
3	C	O	U	L	O	I	R	F	G	H	J	K	L	I	K	O
4	O	Y	X	C	V	G	H	J	K	Z	R	V	Y	O	X	B
5	M	X	F	U	M	E	U	R	J	P	É	B	X	N	S	L
6	P	Q	W	R	T	Z	P	L	P	D	S	N	Q	U	A	I
7	A	V	A	N	T	Q	Y	D	A	X	E	F	V	B	N	G
8	G	G	T	R	A	W	C	Q	S	Y	R	X	C	V	Z	A
9	N	M	C	K	P	H	H	T	S	T	V	O	I	E	T	T
10	E	G	A	R	E	D	A	Y	A	X	A	Q	W	R	T	O
11	R	X	C	F	R	G	R	F	G	T	T	R	R	T	H	I
12	C	V	O	I	X	Y	I	B	E	P	I	L	O	T	E	R
13	Q	W	R	V	B	H	O	H	R	K	O	G	T	R	A	E
14	C	O	M	P	A	R	T	I	M	E	N	T	S	R	W	Q

7

 **Exercices**

1. Berufe erfragen und angeben.

la boulangère   le pêcheur   le boucher   le facteur   la charcutière   la vendeuse

le secrétaire   le pilote   la pharmacienne   le pompiste   la coiffeuse

le mécanicien   la fleuriste   le libraire   la cuisinière   le garçon

Beispiel: – Qui est-ce qui vend le pain?
                 – C'est la boulangère.

1. _____ attrappe les poissons? _____

2. _____ coupe la viande? _____

3. _____ apporte les lettres? _____

4. _____ vend des saucisses? _____

5. _____ montre les articles? _____

6. _____ écrit des lettres? _____

7. _____ conduit l'avion? _____

8. _____ fait le plein? _____

9. _____ vend des médicaments? _____

10. _____ coupe les cheveux? _____

11. _____ prépare les repas? _____

12. _____ répare le moteur? _____

13. _____ apporte les boissons? _____

14. _____ vend des fleurs? _____

15. _____ vend des livres? _____

2. Uhrzeiten erfragen und angeben.

Départ – Paris	
Marseille	8 h 02
Nantes	12 h 29
Brest	15 h 31
Sarrebruck	17 h 14
Francfort	19 h 23

Arrivée – Paris	
Marseille	11 h 01
Nantes	16 h 18
Brest	21 h 41
Sarrebruck	22 h 58
Francfort	00 h 10

a) *Beispiel:*   – Le train pour Marseille part à quelle heure?
– Il part à … .

b) *Beispiel:*   – Le train de Marseille arrive à quelle heure à Paris?
– Il arrive à … .

1. Le train pour Nantes _____

2. Le train pour Brest _____

3. Le train pour Sarrebruck _____

4. Le train pour Francfort _____

5. Le train de Nantes arrive _____

6. Le train de Brest _____

7. Le train de Sarrebruck _____

8. Le train de Francfort _____

7

3. Erfragen und angeben, wo sich etwas befindet.

Beispiel:
– Où est Minouchette?
– Elle est **sur** la chaise.

sur
sous   loin de
dans   contre
devant   parmi
derrière
à côté de
entre   avec
près de   sans

4. Bestellen und kaufen.

Beispiel:

A la gare:
aller au guichet
demander un billet pour Francfort
demander le prix
réponse de l'employé
payer le billet
demander le numéro de la voie de départ
réponse de l'employé
dire merci et partir

– Je vais au guichet.
– Un aller pour Francfort, s'il vous plaît.
– Ça coûte combien?
– Ça fait 576 F
– Voilà, monsieur.
– De quelle voie part le train?
– De la voie 12.
– Merci, monsieur. Au revoir, monsieur.

1. Au marché

a) aller à un stand de légumes _____

b) le marchand pose une question _____

c) dire ce qu'on désire _____

d) le marchand demande si on
   désire encore quelque chose _____

e) demander le prix _____

f) le marchand répond _____

g) dire merci et partir _____

2. Dans un grand magasin

a) aller avec Christine,
   au rayon des vêtements _____

b) la vendeuse pose une question _____

c) désirer acheter un pullover _____

d) la vendeuse demande la couleur _____

e) dire la couleur _____

f) la vendeuse demande la taille _____

g) dire la taille _____

h) la vendeuse montre un pullover _____

i) demander le prix _____

j) la vendeuse dit le prix et
   demande de payer à la caisse _____

k) payer, remercier et partir _____

7

 5. Welches Wort verbirgt sich hier?

1. ngonipchma _____

2. tometlee _____

3. riorodt _____

4. çaisfanr _____

5. nairt _____

6. yoerttne _____

7. blmop _____

8. piposetm _____

9. ionssepr _____

10. egivall _____

11. evilo _____

12. oisére _____

13. rretine _____

14. ocpr _____

15. carand _____

16. tonric _____

17. raiplis _____

18. eautaur _____

19. lebsa _____

20. sairfe _____

21. ganerpaccmo _____

22. iqua _____

23. repat _____

24. sévretarion _____

25. roilouc _____

26. liervac _____

 # Le français dans le monde

1. In welchen Ländern der Welt wird französisch gesprochen?
2. Welche Gebiete gehören zu Frankreich? Beachte die Fähnchen!
Benutze die Weltkarte vorne auf der Umschlagseite!

 **Am Bahnhof**

Du verbringst die Ferien mit deinen Eltern in Frankreich in der Provinz. Ihr wollt über das Wochenende mit dem Zug nach Paris fahren.

1. Am Schalter grüßt du den Angestellten.
   2. Der Angestellte grüßt und fragt nach euren Wünschen.
3. Du verlangst drei Hin- und Rückfahrkarten nach Paris.
   4. Der Angestellte fragt, ob ihr den nächsten TGV nehmen wollt.
5. Du bejahst und fragst nach der genauen Abfahrtszeit.
   6. Der Angestellte nennt die Uhrzeit – 11.35 Uhr – und sagt, daß Platzreservierung verpflichtend ist.
7. Du fragst nach dem Preis einer Reservierung.
   8. Der Angestellte sagt, daß Fahrkarte mit Platzreservierung pro Person 165 F kostet.
9. Du sagst, daß dies in Ordnung sei und ihr den TGV nehmt.
   10. Der Angestellte fragt, ob ihr ein Raucher- oder ein Nichtraucherabteil wünscht.
11. Du sagst, daß ihr Nichtraucher seid. Du sagst, daß ihr zwei Plätze am Fenster haben möchtet.
   12. Der Angestellte sagt, selbstverständlich.
13. Du bekommst die Fahrkarten, bezahlst sie, bedankst und verabschiedest dich.
   14. Der Angestellte dankt ebenfalls und wünscht euch eine gute Reise.

☑		
accompagner	begleiten	
l'aller *(m.)*	einfache Fahrkarte, Hinfahrkarte	
attention	Achtung	
avant	eher als, vor	
le clavier	Tastatur	
le compartiment	Abteil	
le couloir	Gang, Flur	
en provenance de Francfort	aus Richtung Frankfurt	
le fumeur	Raucher	
la gare de l'Est	*Bahnhof in Paris*	
la gare de Lyon	*Bahnhof in Paris*	
le haut-parleur	Lautsprecher	
jusqu'à	bis	
Marseille	*Stadt am Mittelmeer*	
non fumeurs	Nichtraucher	
obligatoire	verbindlich, verpflichtend	
le quai	Bahnsteig	
la réduction	Ermäßigung	
la réservation	Reservierung	
le T.G.V.	TGV *(Hochgeschwindigkeitszug)*	
taper	tippen	
la voie	Gleis	
la voix	Stimme	
le wagon	Eisenbahnwagen	

☑+		
l'aéroport *(m.)*	Flughafen	
attacher	anlegen, anbinden	
atterrir	landen	
l'avion *(m.)*	Flugzeug	
le bagage	Gepäck	
la cabine de pilotage	Pilotenkanzel	
la cabine des passagers	Passagierkabine	
la ceinture de sécurité	Sicherheitsgurt	
le chariot à bagages	Gepäckkarren	
le contrôle des bagages	Gepäckkontrolle	
le copilote	Copilot	
décoller	starten	
le douanier	Zöllner	
l'hélicoptère *(m.)*	Hubschrauber	
l'hôtesse *(f.)*	Stewardeß, Hosteß	
le hublot	Bullauge, Flugzeug-, Schiffsfenster	
le passager	Passagier	
la passerelle	Fußgängerbrücke	
le pilote	Pilot	
la piste d'atterrissage	Landebahn	
la piste de décollage	Startbahn	
le planeur	Segelflugzeug	
le steward	Steward	
la tour de contrôle	Kontrollturm	

7

Chanson

Connaissez[1]-vous ma planète[2]?

1 Les petits hommes[3] verts
Sont venus un jour chez moi.
Par quel mystère[4]?
Je ne le sais toujours pas.

Ils ont vu de la lumière,
Alors ils sont entrés.
Ils voulaient rester sur terre[5],
Alors je leur ai crié...

Refrain:
Connaissez-vous ma planète?
Là où les hommes sont si[6] bêtes[7]
Ils commencent à perdre la tête[8].
Moi, je veux bien faire la fête,
Changer[9] de planète.
C'est pourquoi[10] je préfère[11]
Aller sur Mars et tout foutre en l'air[12].

2 Ils m'ont invité,
C'était très chouette,
À voyager
À bord[13] de leur navette[14].

De leur soucoupe[15],
On voyait par le hublot[16]
Comme dans une loupe[17]
La terre et son halo[18].

3 Sur leur planète,
On connaît seulement l'espoir[19].
On y fait la fête
Du matin jusqu'[20] au soir.

Mais tout à coup,
Dans un dernier sursaut[21],
Je comprends tout,
Mon rêve[22] était trop beau!

Gilles Floret

Diese Geschichte ist ein Traum.
Hast du auch schon fantastische Träume gehabt?
Erzähle deinen Traum!

Vocabulaire: 1 connaître [kɔnɛtr] kennen – **2 une planète** [ynplanɛt] ein Planet – **3 un homme** [ɛ̃nɔm] ein Mensch/ein Mann – **4 un mystère** [ɛ̃mistɛr] ein Rätsel – **5 la terre** [latɛr] die Erde– **6 si** [si] *hier:* so – **7 bête** [bɛt] dumm – **8 perdre la tête** [latɛt] den Verstand verlieren – **9 changer de** [ʃɑ̃ʒe] wechseln – **10 c'est pourquoi** deswegen – **11 préférer** [prefere] vorziehen – **12 tout foutre en l'air** [futrɑ̃lɛr] alles hinschmeißen – **13 à bord** [abɔr] an Bord – **14 une navette** [ynnavɛt] eine Raumfähre – **15 une soucoupe** [ynsukup] eine (fliegende) Untertasse – **16 un hublot** [ɛ̃yblo] ein Bullauge – **17 une loupe** [ynlup] eine Lupe – **18 un halo** [ɛ̃alo] ein Lichthof – **19 l'espoir** (m.) [lɛspwar] die Hoffnung – **20 jusque...** [ʒuskə] bis... – **21 un sursaut** [ɛ̃syrso] ein Auffahren – **22 un rêve** [ɛ̃rɛv] ein Traum

Liste des mots

Die Zahlen verweisen auf die jeweilige Lektion dieses Heftes.
„Z" bedeutet: Zusatzvokabular

A

à demain bis Morgen, **1**
à la fois auf einmal, **6**
l'accident *(m.)* Unfall, **5 Z**
accompagner begleiten, **7**
l'acteur *(m.)* Schauspieler, **3 Z**
l'actrice *(f.)* Schauspielerin, **3 Z**
l'aéroport *(m.)* Flughafen, **7 Z**
aider helfen, **1**
Aigues-Mortes *Stadt in der Provence,* **4**
l'aire de repos *(f.)* Rastplatz, **2 Z**
l'aller *(m.)* einfache Fahrkarte, Hinfahrkarte, **7**
s'allonger sich hinlegen, sich ausstrecken, **4**
l'ambulance *(f.)* Krankenwagen, **5 Z**
l'angine *(f.)* Angina, **5**
l'antibiotique *(m.)* Antibiotika, **5**
antique antik, **3**
l'arène *(f.)* Arena, Amphitheater, **3**
l'argent *(m.)* Geld, **6 Z**
l'asperge *(f.)* Spargel, **3**
s'asseoir sich setzen, **1**
l'assurance *(f.)* Versicherung, **5 Z**
attacher anlegen, anbinden, **7 Z**
attention Achtung, **7**
atterrir landen, **7 Z**
l'auberge *(f.)* Gasthaus, Herberge, **1**
l'auto-pompe *(f.)* Löschfahrzeug, **5 Z**
l'autobus *(m.)* Reisebus, **2 Z**
l'autoroute *(f.)* Autobahn, **2 Z**
avant eher als, vor, **7**
Avignon *Stadt in der Provence,* **1**
l'avion *(m.)* Flugzeug, **7 Z**
avoir besoin de brauchen, **6**

B

le bagage Gepäck, **7 Z**
se baigner baden, **4**
le ballon Ball, Fußball, **4**
la banque Bank, **6**
la banque de France *Name einer Bank,* **6 Z**
la banque populaire *Name einer Bank,* **6 Z**
Barcelone Barcelona, **1**
le bâton de ski Skistock, **4 Z**
bavarder schwatzen, plaudern, **1**
beaucoup de monde viele Leute, **4**
la Belge Belgierin, **1**
le billet Schein, Geldschein, **6 Z**
le blessé Verletzte, **5 Z**
le bonhomme de neige Schneemann, **4 Z**
le boucher Metzger, **3 Z**
la bouchère Metzgerin, **3 Z**
le boulanger Bäcker, **3 Z**
la boulangère Bäckerin, **3 Z**
la boule de neige Schneeball, **4 Z**

le bout Ende, Spitze, **4**
au bout nach, **4**
le brancard Tragbahre, **5 Z**
bricoler basteln, **1 Z**
bronzer bräunen, **4**

C

la cabine de pilotage Pilotenkanzel, **7 Z**
la cabine des passagers Passagierkabine, **7 Z**
le cabinet Sprechzimmer, Praxis, **5**
la caisse d'épargne *Name einer Bank,* **6 Z**
le caissier Kassierer, **3 Z**
la caissière Kassiererin, **3 Z**
la Camargue *Landschaft am Mittelmeer,* **4**
le camion Lastwagen, **2 Z**
le camping-car Wohnmobil, **2 Z**
le canard Ente, **3**
le car Linienbus, **2 Z**
la carafe Karaffe, **3**
le caramel Karamel, **4**
la caravane Wohnwagen, **2 Z**
le carrefour Straßenkreuzung, **2 Z**
la carte bancaire Kreditkarte, **6 Z**
la carte bancaire Bankkarte, **6**
la carte de crédit Kreditkarte, **6**
la carte routière Straßenkarte, **2 Z**
le casque Sturzhelm, **2 Z**
la ceinture de sécurité Sicherheitsgurt, **7 Z**
chacun jeder, **1**
le champignon Pilz, Champignon, **1**
le change Wechsel, Geldwechsel, **6**
le chanteur Sänger, **3 Z**
la chanteuse Sängerin, **3 Z**
le chariot à bagages Gepäckkarren, **7 Z**
le chasse-neige Schneepflug, **4 Z**
la chaussure de ski Skischuh, **4 Z**
le chèque Scheck, **6**
le cheval Pferd, **4**
les chevaux Pferde, **4**
le chirurgien Chirurg, **5 Z**
le choc Schock, **5 Z**
chouette toll, prima, nett, **4**
la circulation Straßenverkehr, **2 Z**
le citron Zitrone, **4**
le clavier Tastatur, **7**
le coffre-fort Geldschrank, Panzerschrank, **6 Z**
le coiffeur Frisör, **3 Z**
la coiffeuse Frisörin, **3 Z**
collectionner des timbres Briefmarken sammeln, **1 Z**
la collision Zusammenstoß, **5 Z**
Cologne Köln, **1**
le compartiment Abteil, **7**
le conducteur Fahrer, **2 Z**
le contrôle des bagages Gepäckkontrolle, **7 Z**
la consultation Sprechstunde, **5**
le copilote Copilot, **7 Z**
la côte Rippe, **3**
la côte de porc Schweinekotelett, **3**

le couloir Gang, Flur, **7**
le cours Kurs, **6**
le crédit agricole *Name einer Bank*, **6 Z**
le crédit Lyonnais *Name einer Bank*, **6 Z**
le crédit maritime *Name einer Bank*, **6 Z**
la crème solaire Sonnencreme, **4**
les crudités *(f.)* Rohkost, **3**

D
débarrasser abräumen, **1**
décoller starten, **7 Z**
déposer ablegen, **4**
dessiner zeichnen, **1 Z**
devoir müssen, schulden, **2**
directement direkt, **5**
le directeur Direktor, **3 Z**
la directrice Direktorin, Leiterin, **2**
la directrice Direktorin, **3 Z**
le distributeur automatique Geldautomat, **6**
le dortoir Schlafsaal, **1**
le douanier Zöllner, **7 Z**

E
l'employé *(m.)* Angestellter, **3 Z**
l'employée *(f.)* Angestellte, **3 Z**
en effet in der Tat, tatsächlich, **5**
en provenance de aus Richtung, **7**
entre zwischen, **1**
l'Espagne *(f.)* Spanien, **1**
l'essence *(f.)* Benzin, Treibstoff, **2**
l'étudiant *(m.)* Student, **3 Z**
l'étudiante *(f.)* Studentin, **3 Z**
l'euro-chèque *(m.)* Euroscheck, **6**
examiner untersuchen, **5 Z**

F
faire de la luge Schlitten fahren, **4 Z**
faire du jogging joggen, **1 Z**
faire du vélo radfahren, **1 Z**
faire la vaisselle Geschirr spülen, **1**
la femme médecin Ärztin, **5**
le feu rouge Ampel auf rot, **2 Z**
le feu vert Ampel auf grün, **2 Z**
la file Reihe, **6**
le fleuriste Blumenhändler, **3 Z**
la fleuriste Blumenhändlerin, **3 Z**
les frais *(m.)* Unkosten, Gebühren, **6**
la fraise Erdbeere, **4**
le Franc Franken, **6 Z**
Francfort Frankfurt, **7**
le fumeur Raucher, **7**

G
la gare de l'Est *Bahnhof in Paris*, **7**
la gare de Lyon *Bahnhof in Paris*, **7**
la gendarmerie Polizei *(Land)*, **5 Z**
génial genial, **4**
les gens *(m.)* Leute, **3**
la glissière de sécurité Leitplanke, **2 Z**

gratuit kostenlos, **6 Z**
le guichet Schalter, **6**

H
le haut-parleur Lautsprecher, **7**
l'hélicoptère *(m.)* Hubschrauber, **7 Z**
l'hôpital *(m.)* Krankenhaus, **5 Z**
le hors-d'oeuvre Vospeise, **3**
l'hôtesse *(f.)* Stewardeß, Hosteß, **7 Z**
le hublot Bullauge, Flugzeug-, Schiffsfenster, **7 Z**
l'huile *(f.)* Öl, **2**

I
l'Ile de Barthelasse *Rhone-Insel in Avignon*, **1**
l'infirmier *(m.)* Krankenpfleger, **5 Z**
l'infirmière *(f.)* Krankenschwester, **5 Z**
l'infusion *(f.)* Kräutertee, **5**
l'inspecteur *(m.)* Aufsichtsbeamter, Inspektor, **3 Z**
l'inspectrice *(f.)* Aufsichtsbeamtin, Inspektorin, **3 Z**
s'installer sich einrichten, sich niederlassen, **1**
l'instant *(m.)* Augenblick, Moment, **4**
l'instituteur *(m.)* Grundschullehrer, **3 Z**
l'institutrice *(f.)* Grundschullehrerin, **3 Z**
l'Italienne Italienerin, **1**

J
la jauge d'essence Benzinuhr, **2**
le jeune Jugendlicher, **1**
jouer au ballon Ball spielen, **1 Z**
jouer au tennis Tennis spielen, **1 Z**
jouer aux cartes Karten spielen, **1 Z**
jouer aux échecs Schach spielen, **1 Z**
jouer d'un instrument ein Instrument spielen, **1 Z**
jusqu'à bis, **7**

L
le libraire Buchhändler, **3 Z**
la libraire Buchhändlerin, **3 Z**
lire lesen, **1 Z**
le loisir Freizeitgestaltung, **1 Z**
la luge Schlitten, **4 Z**

M
le Mark Mark, **6 Z**
Marseille *Stadt am Mittelmeer*, **7**
le masseur Massör, **3 Z**
la masseuse Massöse, **3 Z**
le médecin de service Notarzt, **5 Z**
le menu Menü, **1**
la mer Méditerranée Mittelmeer, **4**
le métier Beruf, **3 Z**
la monnaie Kleingeld, **6 Z**
la moto Motorrad, **2 Z**
le motocycliste Motorradfahrer, **2 Z**
le muguet Maiglöckchen, **5**

N
nager schwimmen, **1 Z**
nager schwimmen, **4**

national,e national, **2**
nettoyer reinigen, säubern, **2**
le niveau d'huile Ölstand, **2**
la noisette Haselnuß, **4**
le nom Name, **5**
non fumeurs Nichtraucher, **7**
noter notieren, **6**
le numéro Nummer, **6**

O
obligatoire verbindlich, verpflichtend, **7**
l'oiseau *(m.)* Vogel, **4**
l'olive *(f.)* Olive, **3**
l'omelette *(f.)* Omelett, Rührei, **1**
l'ordinaire *(m.)* Normalbenzin, **2**
l'ouvrier *(m.)* Arbeiter, **3 Z**
l'ouvrière *(f.)* Arbeiterin, **3 Z**

P
le palais Palast, **2**
le panneau Schild, **6**
le panneau routier Verkehrsschild, **2 Z**
le pape Papst, **2**
les papiers d'identité Ausweispapiere, **6**
le pare-brise Windschutzscheibe, **2**
le parfum Aroma, Duft, **4**
en particulier besonders, **2**
pas de quoi keine Ursache, **2**
le passage protégé Fußgängerüberweg, **2 Z**
le passager Passagier, **7 Z**
la passerelle Fußgängerbrücke, **7 Z**
la pastille Lutschtablette, **5**
le patin à glace Schlittschuh, **4 Z**
patiner Schlittschuhlaufen, **1 Z**
patiner Schlittschuhlaufen, **4 Z**
la patinoire Eislaufbahn, **4 Z**
payant zu bezahlen, **6 Z**
le pays Land, **3**
le péage Zahlstelle *(z.B. auf Autobahnen)*, **6 Z**
pêcher angeln, **1 Z**
peindre malen, **1 Z**
pendant während, **4**
la pharmacie Apotheke, **5**
le pharmacien Apotheker, **3 Z**
la pharmacienne Apothekerin, **3 Z**
photographier fotografieren, **1 Z**
la pièce de monnaie Geldstück, **6 Z**
le pilote Pilot, **7 Z**
la piste Piste, **4 Z**
la piste d'atterrissage Landebahn, **7 Z**
la piste de décollage Startbahn, **7 Z**
la plage Strand, **4**
le plaisir 4 Freude, Vergnügen, **4**
le planeur Segelflugzeug, **7 Z**
le plomb 2 Blei, **2**
plus plus, zusätzlich, **2**
le pneu Reifen, **2**
la police Polizei *(Stadt)*, **5 Z**
la pomme de terre sautée Bratkartoffel, **1**

la pompe Pumpe, *hier:* Zapfsäule, **2**
le pompier Feuerwehrmann, **5 Z**
le pompiste Tankwart, **2**
le porc Schwein, **3**
le porte-monnaie Geldbeutel, **6 Z**
la poste Post, Postbank, **6 Z**
le potage Suppe, **1**
la pression Druck, **2**
la Provence *Region im Süden Frankreichs*, **1**
la purée Püree, Brei, **3**

Q
le quai Bahnsteig, **7**

R
la réduction Ermäßigung, **7**
le refuge Schutzhütte, **4 Z**
regarder la télévision Fernsehen schauen, **1 Z**
la remorque Anhänger, **2 Z**
la réservation Reservierung, **7**
le reste Rest, **2**
retirer abheben, **6**
revenir zurückkommen, **5**
le Rhône *Fluß in der Schweiz und in Frankreich*, **1**
le riz Reis, **3**
le rond-point Kreisverkehr, **2 Z**
la route Landstraße, **2**
la route départementale Departementstraße, **2 Z**
la route nationale Nationalstraße, **2 Z**

S
le sable Sand, **4**
Saintes-Maries-de-la-Mer *Stadt in der Camargue*, **5**
la salle à manger Speisesaal, Eßzimmer, **1**
sans ohne, **2**
sans plomb bleifrei, **2**
sauvage wild, **4**
le secrétaire Sekretär, **3 Z**
la secrétaire Sekretärin, **3 Z**
la serviette Handtuch, **4**
la serviette de bain Badetuch, **4**
signer unterschreiben, **6**
le ski Ski, **4 Z**
le ski alpin Abfahrtsski, **4 Z**
le ski de fond Langlaufski, **4 Z**
skier Skifahren, Skilaufen, **1 Z**
le skieur Skiläufer, **4 Z**
la skieuse Skiläuferin, **4 Z**
le slip de bain Badehose, **4**
soigner pflegen, versorgen, **5 Z**
la soirée Abend, Abendzeit, **3**
la sortie Ausgang, Ausfahrt, **2**
sortir herausnehmen, **4**
le sport d'hiver Wintersport, **4 Z**
la station-service Tankstelle, **2**
le steward Steward, **7 Z**
le sud Süden, **1**
au suivant der Nächste, **6**
le super Superbenzin, **2**
Super! Super!, **4**

T

le T.G.V. TGV *(Hochgeschwindigkeitszug)*, **7**
taper tippen, **7**
le taureau Stier, **4**
le taxi Taxi, **2 Z**
le tee-shirt Tee-shirt, **6**
le téléphérique Seilbahn, **4 Z**
le téléski Skilift, **4 Z**
la terrine Fleischpastete, **3**
le théâtre Theater, **3**
la tour de contrôle Kontrollturm, **7 Z**
tout le monde alle, **1**
le tracteur Traktor, **2 Z**
le train Zug, **1**
transporter transportieren, **5 Z**
le tremplin de ski Sprungschanze, **4 Z**

V

la vanille Vanille, **4**
valoir gelten, wert sein, kosten, **6**
le vendeur Verkäufer, **3 Z**
la vendeuse Verkäuferin, **3 Z**
vérifier überprüfen, **2**
vers gegen, nach, zu, **2**
le village Dorf, **2**
le virage Kurve, **2 Z**
la voie Gleis, **7**
la voiture Wagen, Auto, **2 Z**
la voix Stimme, **7**
le volley-ball Volleyball, **4**
voyager reisen, **1 Z**

W

le wagon Eisenbahnwagen, **7**
Wouah! Wow!, **4**

Wortliste

*Die Zahlen verweisen auf die jeweilige Lektion
dieses Heftes.*
„Z" bedeutet: Zusatzvokabular

A

Abend, Abendzeit la soirée, **3**
Abfahrtsski le ski alpin, **4 Z**
abheben retirer, **6**
ablegen déposer, **4**
abräumen débarrasser, **1**
Abteil le compartiment, **7**
Achtung attention, **7**
Aigues-Mortes *(Stadt in der Provence)*
    Aigues-Mortes, **4**
alle tout le monde, **1**
Ampel auf grün le feu vert, **2 Z**
Ampel auf rot le feu rouge, **2 Z**
angeln pêcher, **1 Z**
Angestellte l'employée *(f.)*, **3 Z**
Angestellter l'employé *(m.)*, **3 Z**
Angina l'angine *(f.)*, **5**
Anhänger la remorque, **2 Z**
anlegen, anbinden attacher, **7 Z**
Antibiotika l'antibiotique *(m.)*, **5**
antik antique, **3**
Apotheke la pharmacie, **5**
Apotheker le pharmacien, **3 Z**
Apothekerin la pharmacienne, **3 Z**
Arbeiter l'ouvrier *(m.)*, **3 Z**
Arbeiterin l'ouvrière *(f.)*, **3 Z**
Arena, Amphitheater l'arène *(f.)*, **3**
Aroma, Duft le parfum, **4**
Ärztin la femme médecin, **5**
auf einmal à la fois, **6**
Aufsichtsbeamter, Inspektor l'inspecteur *(m.)*, **3 Z**
Aufsichtsbeamtin, Inspektorin l'inspectrice *(f.)*, **3 Z**
Augenblick, Moment l'instant *(m.)*, **4**
aus Richtung en provenance de, **7**
Ausgang, Ausfahrt la sortie, **2**
Ausweispapiere les papiers d'identité, **6**
Autobahn l'autoroute *(f.)*, **2 Z**
Avignon *(Stadt in der Provence)* Avignon, **1**

B

Bäcker le boulanger, **3 Z**
Bäckerin la boulangère, **3 Z**
Badehose le slip de bain, **4**
baden se baigner, **4**
Badetuch la serviette de bain, **4**
Bahnsteig le quai, **7**
Ball spielen jouer au ballon, **1 Z**
Ball, Fußball le ballon, **4**
Bank banque, **6**
Bankkarte la carte bancaire, **6**
Banque de France *(Name einer Bank)* la banque
    de France, **6 Z**
Banque populaire *(Name einer Bank)* la banque
    populaire, **6 Z**

Barcelona Barcelone, **1**
basteln bricoler, **1 Z**
begleiten accompagner, **7**
Belgierin la Belge, **1**
Benzin, Treibstoff l'essence *(f.)*, **2**
Benzinuhr la jauge d'essence, **2**
Beruf le métier, **3 Z**
besonders en particulier, **2**
bis jusqu'à, **7**
bis Morgen à demain, **1**
Blei le plomb, **2**
bleifrei sans plomb, **2**
Blumenhändler le fleuriste, **3 Z**
Blumenhändlerin la fleuriste, **3 Z**
Bratkartoffel la pomme de terre sautée, **1**
brauchen avoir besoin de, **6**
bräunen bronzer, **4**
Briefmarken sammeln collectionner des timbres,
    1 Z
Buchhändler le libraire, **3 Z**
Buchhändlerin la libraire, **3 Z**
Bullauge le hublot, **7 Z**

C

Caisse d'épargne *(Name einer Bank)* la caisse
    d'épargne, **6 Z**
Camargue *(Landschaft am Mittelmeer)*
    la Camargue, **4**
Chirurg le chirurgien, **5 Z**
Copilot le copilote, **7 Z**
Crédit agricole *(Name einer Bank)* le crédit
    agricole, **6 Z**
Crédit Lyonnais *(Name einer Bank)* le crédit
    Lyonnais, **6 Z**
Crédit maritime *(Name einer Bank)* le crédit
    maritime, **6 Z**

D

Departementstraße la route départementale, **2 Z**
der Nächste au suivant, **6**
direkt directement, **5**
Direktor le directeur, **3 Z**
Direktorin, Leiterin la directrice, **2**
Direktorin la directrice, **3 Z**
Dorf le village, **2**
Druck la pression, **2**

E

eher als, vor avant, **7**
einfache Fahrkarte, Hinfahrkarte l'aller *(m.)*, **7**
Eisenbahnwagen le wagon, **7**
Eislaufbahn la patinoire, **4 Z**
Ende, Spitze le bout, **4**
Ente le canard, **3**
Erdbeere la fraise, **4**
Ermäßigung la réduction, **7**
Euroscheck l'euro-chèque *(m.)*, **6**

F

Fahrer le conducteur, **2 Z**
Fernsehen schauen regarder la télévision, **1 Z**
Feuerwehrmann le pompier, **5 Z**
Fleischpastete la terrine, **3**
Flughafen l'aéroport *(m.)*, **7 Z**
Flugzeug l'avion *(m.)*, **7 Z**
fotografieren photographier, **1 Z**
Franken le Franc, **6 Z**
Frankfurt Francfort, **7**
Freizeitgestaltung le loisir, **1 Z**
Freude, Vergnügen le plaisir, **4**
Frisör le coiffeur, **3 Z**
Frisörin la coiffeuse, **3 Z**
Fußgängerbrücke la passerelle, **7 Z**
Fußgängerüberweg le passage protégé, **2 Z**

G

Gang, Flur le couloir, **7**
Gare de l'Est *(Bahnhof in Paris)* la gare de l'Est, **7**
Gare de Lyon *(Bahnhof in Paris)* la gare de Lyon, **7**
Gasthaus, Herberge l'auberge *(f.)*, **1**
gegen, nach, zu vers, **2**
Geld l'argent *(m.)*, **6 Z**
Geldautomat le distributeur automatique, **6**
Geldbeutel le porte-monnaie, **6 Z**
Geldschrank, Panzerschrank le coffre-fort, **6 Z**
Geldstück la pièce de monnaie, **6 Z**
gelten, wert sein, kosten valoir, **6**
genial génial, **4**
Gepäck le bagage, **7 Z**
Gepäckkarren le chariot à bagages, **7 Z**
Gepäckkontrolle le contrôle des bagages, **7 Z**
Geschirr spülen faire la vaisselle, **1**
Gleis la voie, **7**
Grundschullehrer l'instituteur *(m.)*, **3 Z**
Grundschullehrerin l'institutrice *(f.)*, **3 Z**

H

Handtuch la serviette, **4**
Haselnuß la noisette, **4**
helfen aider, **1**
herausnehmen sortir, **4**
Hubschrauber l'hélicoptère *(m.)*, **7 Z**

I

Ile de Barthelasse *(Rhone-Insel in Avignon)* l'Ile de Barthelasse, **2**
in der Tat, tatsächlich en effet, **5**
ein **Instrument spielen** jouer d'un instrument, **1 Z**
Italienerin l'Italienne, **1**

J

jeder chacun, **1**
joggen faire du jogging, **1 Z**
Jugendlicher le jeune, **1**

K

Karaffe la carafe, **3**
Karamel le caramel, **4**
Karten spielen jouer aux cartes, **1 Z**
Kassierer le caissier, **3 Z**
Kassiererin la caissière, **3 Z**
keine Ursache pas de quoi, **2**
Kleingeld la monnaie, **6 Z**
Köln Cologne, **1**
Kontrollturm la tour de contrôle, **7 Z**
kostenlos gratuit, **6 Z**
Krankenhaus l'hôpital *(m.)*, **5 Z**
Krankenpfleger l'infirmier *(m.)*, **5 Z**
Krankenschwester l'infirmière *(f.)*, **5 Z**
Krankenwagen l'ambulance *(f.)*, **5 Z**
Kräutertee l'infusion *(f.)*, **5**
Kreditkarte la carte bancaire, **6 Z**
Kreditkarte la carte de crédit, **6**
Kreisverkehr le rond-point, **2 Z**
Kurs le cours, **6**
Kurve le virage, **2 Z**

L

Land le pays, **3**
Landebahn la piste d'atterrissage, **7 Z**
landen atterrir, **7 Z**
Landstraße la route, **2**
Langlaufski le ski de fond, **4 Z**
Lastwagen le camion, **2 Z**
Lautsprecher le haut-parleur, **7**
Leitplanke la glissière de sécurité, **2 Z**
lesen lire, **1 Z**
Leute les gens *(m.)*, **3**
Linienbus le car, **2 Z**
Löschfahrzeug l'auto-pompe *(f.)*, **5 Z**
Lutschtablette la pastille, **5**

M

Maiglöckchen le muguet, **5**
malen peindre, **1 Z**
Mark le Mark, **6 Z**
Marseille *(Stadt am Mittelmeer)* Marseille, **7**
Massör le masseur, **3 Z**
Massöse la masseuse, **3 Z**
Menü le menu, **1**
Metzger le boucher, **3 Z**
Metzgerin la bouchère, **3 Z**
Mittelmeer la mer Méditerranée, **4**
Motorrad la moto, **2 Z**
Motorradfahrer le motocycliste, **2 Z**
müssen, schulden devoir, **2**

N

nach au bout, **4**
Name le nom, **5**
national national,e, **2**
Nationalstraße la route nationale, **2 Z**
Nichtraucher non fumeurs, **7**

Normalbenzin l'ordinaire *(m.)*, **2**
Notarzt le médecin de service, **5 Z**
notieren noter, **6**
Nummer le numéro, **6**

O
ohne sans, **2**
Öl l'huile *(f.)*, **2**
Olive l'olive *(f.)*, **3**
Ölstand le niveau d'huile, **2**
Omelett, Rührei l'omelette *(f.)*, **1**

P
Palast le palais, **2**
Papst le pape, **2**
Passagier le passager, **7 Z**
Passagierkabine la cabine des passagers, **7 Z**
Pferd le cheval, **4**
Pferde les chevaux, **4**
pflegen, versorgen soigner, **5 Z**
Pilot le pilote, **7 Z**
Pilotenkanzel la cabine de pilotage, **7 Z**
Pilz, Champignon le champignon, **1**
Piste la piste, **4 Z**
plus, zusätzlich plus, **2**
Polizei *(Land)* la gendarmerie, **5 Z**
Polizei *(Stadt)* la police, **5 Z**
Post, Postbank la poste, **6 Z**
Provence *(Region im Süden Frankreichs)*
   la Provence, **1**
Pumpe, *hier:* **Zapfsäule** la pompe, **2**
Püree, Brei la purée, **3**

R
radfahren faire du vélo, **1 Z**
Rastplatz l'aire de repos *(f.)*, **2 Z**
Raucher le fumeur, **7**
Reifen le pneu, **2**
Reihe la file, **6**
reinigen, säubern nettoyer, **2**
Reis le riz, **3**
Reisebus l'autobus *(m.)*, **2 Z**
reisen voyager, **1 Z**
Reservierung la réservation, **7**
Rest le reste, **2**
Rhone *(Fluß in der Schweiz und in Frankreich)*
   le Rhône, **1**
Rippe la côte, **3**
Rohkost les crudités *(f.)*, **3**

S
Saintes-Maries-de-la-Mer *(Stadt in der*
   Camargue), Saintes-Maries-de-la-Mer, **5**
Sand le sable, **4**
Sänger le chanteur, **3 Z**
Sängerin la chanteuse, **3 Z**
Schach spielen jouer aux échecs, **1 Z**
Schalter le guichet, **6**
Schauspieler l'acteur *(m.)*, **3 Z**

Schauspielerin l'actrice *(f.)*, **3 Z**
Scheck le chèque, **6**
Schein, Geldschein le billet, **6 Z**
Schild le panneau, **6**
Schlafsaal le dortoir, **1**
Schlitten fahren faire de la luge, **4 Z**
Schlitten la luge, **4 Z**
Schlittschuh le patin à glace, **4 Z**
Schlittschuhlaufen patiner, **1 Z**
Schlittschuhlaufen patiner, **4 Z**
Schneeball la boule de neige, **4 Z**
Schneemann le bonhomme de neige, **4 Z**
Schneepflug le chasse-neige, **4 Z**
Schock le choc, **5 Z**
Schutzhütte le refuge, **4 Z**
schwatzen, plaudern bavarder, **1**
Schwein le porc, **3**
Schweinekotelett la côte de porc, **3**
schwimmen nager, **1 Z**
schwimmen nager, **4**
Segelflugzeug le planeur, **7 Z**
Seilbahn le téléphérique, **4 Z**
Sekretär le secrétaire, **3 Z**
Sekretärin la secrétaire, **3 Z**
sich einrichten, sich niederlassen s'installer, **1**
sich hinlegen, sich ausstrecken s'allonger, **4**
sich setzen s'asseoir, **1**
Sicherheitsgurt la ceinture de sécurité, **7 Z**
Ski le ski, **4 Z**
Skifahren, Skilaufen skier, **1 Z**
Skiläufer le skieur, **4 Z**
Skiläuferin la skieuse, **4 Z**
Skilift le téléski, **4 Z**
Skischuh la chaussure de ski, **4 Z**
Skistock le bâton de ski, **4 Z**
Sonnencreme la crème solaire, **4**
Spanien l'Espagne *(f.)*, **1**
Spargel l'asperge *(f.)*, **3**
Speisesaal, Eßzimmer la salle à manger, **1**
Sprechstunde la consultation, **5**
Sprechzimmer, Praxis le cabinet, **5**
Sprungschanze le tremplin de ski, **4 Z**
Startbahn la piste de décollage, **7 Z**
starten décoller, **7 Z**
Steward le steward, **7 Z**
Stewardeß, Hosteß l'hôtesse *(f.)*, **7 Z**
Stier le taureau, **4**
Stimme la voix, **7**
Strand la plage, **4**
Straßenkarte la carte routière, **2 Z**
Straßenkreuzung le carrefour, **2 Z**
Straßenverkehr la circulation, **2 Z**
Student l'étudiant *(m.)*, **3 Z**
Studentin l'étudiante *(f.)*, **3 Z**
Sturzhelm le casque, **2 Z**
Süden le sud, **1**
Super! Super!, **4**
Superbenzin le super, **2**
Suppe le potage, **1**

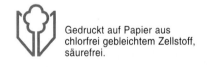

Gedruckt auf Papier aus chlorfrei gebleichtem Zellstoff, säurefrei.

Zu diesem Buch gibt es
● eine Compact-Cassette, die die Texte und Lieder der Ausgabe 8 H und 9 H enthält: **Klettnummer 52124**

1. Auflage

1 ⁵ 4 3 2 1 | 2000 99 98 97 96

Alle Drucke dieser Auflage können im Unterricht nebeneinander benutzt werden, sie sind untereinander unverändert.
Die letzte Zahl bezeichnet das Jahr dieses Druckes.
© Ernst Klett Verlag GmbH, Stuttgart 1996. Alle Rechte vorbehalten.
Umschlaggestaltung: Christian Dekelver, Weinstadt.
Zeichnungen: Arne Drescher, Heimsheim – François Davot, Troyes: S. 11; S. 28; S. 39; S. 41; S. 46; S. 48; S. 49; S. 70; S. 72
Kartographie: Joachim Krüger, Korntal: Umschlagseite 2; Umschlagseite 3 und 4 – Günter Bosch, Stuttgart: S. 9; S. 21; S. 31
Fotos: dpa, Stuttgart: S. 60, 1 – 4 – Dietrich Jäck, Renningen: *(Einband).*
Satz: G. Müller, Heilbronn.
Druck: Druckerei Röck, Weinsberg. Printed in Germany.
ISBN 3-12-521230-8